Wilfried Grenz
Engelbert Götz

Schritte zur Seite

Wilfried Grenz
Engelbert Götz

Schritte zur Seite

-- 17 Impulse für Führungspersonen zur Reflexion der gewohnten Alltagswege

Trainerverlag

Impressum / Imprint
Bibliografische Information der Deutschen Nationalbibliothek: Die Deutsche Nationalbibliothek verzeichnet diese Publikation in der Deutschen Nationalbibliografie; detaillierte bibliografische Daten sind im Internet über http://dnb.d-nb.de abrufbar.

Bibliographic information published by the Deutsche Nationalbibliothek: The Deutsche Nationalbibliothek lists this publication in the Deutsche Nationalbibliografie; detailed bibliographic data are available in the Internet at http://dnb.d-nb.de.

Coverbild / Cover image: www.ingimage.com

Verlag / Publisher:
Der Trainerverlag
ist ein Imprint der / is a trademark of
OmniScriptum GmbH & Co. KG
Heinrich-Böcking-Str. 6-8, 66121 Saarbrücken, Deutschland / Germany
Email: info@verlag-trainer.de

Herstellung: siehe letzte Seite /
Printed at: see last page
ISBN: 978-3-8417-5102-7

Zum Geleit

Wenn es zu den Aufgaben einer guten und erfolgreichen Führungskraft gehört, Mitarbeitern Möglichkeiten zu eröffnen, verlangt es von beiden, in Möglichkeiten zu denken und zu handeln.

Kaum jemand wird es bestreiten wollen. Im Alltag wird es dennoch selten gelebt und verwirklicht.

Was hindert uns daran oder besser ‚führt‛ uns aber dazu?

Die Analyse und Beseitigung von Schwächen, Defiziten und Fehlern ist zeit- und kraftraubend. Alle Anstrengungen, welche darauf gerichtet sind, sie zu beheben, sind nur dann erfolgreich, wenn danach das Leistungs- oder Ergebnisniveau dem Durchschnitt entspricht.

Anders beim Sehen und Ergreifen von Möglichkeiten.

Sie stellen häufig bisher unerkanntes, unbekanntes, aber brachliegendes Potenzial im Gegenüber, in einem selbst und in der Sache dar. Die Chance besteht darin, diesen Schatz zu heben und zu verwerten, wie es vorher durch niemanden geschehen ist.

Dieses ist mehr als das Ausgleichen einer Schwäche, eines Defizits oder eines Fehlers.

Geführte und Führende eint faktisch real die Leistungsbereitschaft und in vielen Fällen auch die Kompetenz. Die Handelnden unterscheiden dagegen häufig das Erkennen, das Erarbeiten und das Nutzen von Möglichkeiten.

Hier eröffnen die Impulse von Grenz und Götz neue Chancen.

‚Alles ist möglich.'

Sönke Fock
Vorsitzender der Geschäftsführung
der Bundesagentur für Arbeit, Hamburg

Vorwort

Ein Ratgeber weiß stets das Richtige. Er hat den wirklich richtigen Rat zur Lösung des Problems. Er erteilt dementsprechende Ratschläge und kritische Schläge bei Nichtbefolgung. Ein Ratschlag ist allerdings ein Schlag mit Täter-Opfer-Profil und keine konstruktive Interaktion zwischen Gesprächspartnern.

Wir möchten gerne Impulsgeber sein, die Impulse als reflexive Gedanken von außen zur Verfügung stellen. Sie werden von uns gegeben, das heißt, sie verlassen unseren Machtbereich und sind in den Verantwortungsbereich des Anderen eingebettet. Nach Jürgen Habermas sollte eine Kommunikation als herrschaftsfreier Diskurs frei sein von Verzerrungen durch Macht oder Hierarchien. Nicht der Eine ist der Kluge und der Andere hat seinen Ratschlägen zu folgen.

Für diesen Arbeitsansatz ist es wesentlich, dass jeder zur ungekränkten Selbstdarstellung fähig ist und seine Gedanken und Ziele dem Anderen transparent macht. Das Zielfeld ist nicht das Rechthaben und Rechtbehalten, sondern die zufriedenstellende Selbstverwirklichung des Einzelnen in der Gestaltung seines reflektierenden Denkens und optimierenden Handelns.

Diese Aufsätze wollen nicht den Leser mit Rat-Schlägen in eine bestimmte Richtung treiben, sondern stellen Impulse dar, die es dem Einzelnen überlassen, was er damit macht.

Es bleibt allerdings die Tatsache, dass auch Impulse manchmal unangenehm sind. Die Entscheidung liegt beim Leser. Wenn dem Impuls aber nicht nachgegangen wird, werden keine Rat-Schläge erteilt. Denn eine Täter-Opfer-Symbiose von Ratschläge-Austeilendem und Ratschläge-Entgegennehmenden verdirbt den Spaß an dem grenzenlosen Entdecken und der experimentellen Gestaltung neuer Wege.

Engelbert Götz

Wilfried Grenz

Ein Freund, ein guter Freund ...

von den Dres. Götz und Grenz

Wir haben viel mit Menschen zu tun. Mitarbeiter, Kollegen, Kunden – müssen die auch immer Freunde sein? Wohl kaum, muss aber auch nicht sein, was für ein Glück. Aber die Tatsache bleibt, die Heinz Rühmann schon vor Jahrzehnten besang: ‚Ein Freund, ein guter Freund, ist alles, was Du brauchst auf der Welt...' Aber Achtung: Es gibt auch falsche Freunde. Sie verheißen Gutes und bringen Schlechtes.

Einen falschen Freund beschreibt der Urologe folgendermaßen: Flatulenz - von lateinisch flatus = Wind, Blähung - bezeichnet die verstärkte Entwicklung von Gasen im Darm, wonach es zum rektalen Entweichen –Flatus - von Darmgasen kommt. Das Syndrom des falschen Freundes bezeichnet den ungewollten Abgang vom Stuhl bei der Flatulenz.

Wir haben hier im Folgenden ein paar Streiflichter auf positive Freundschaftskriterien zusammengetragen. Dementsprechend jetzt acht Streiflichter.

Streiflicht eins:

Gute Nacht, Freunde,
es wird Zeit für mich zu geh'n.
Was ich noch zu sagen hätte,
dauert eine Zigarette
und ein letztes Glas im Steh'n.

Ein uralter Text von Reinhard Mey. Zigaretten und Alkohol waren damals noch normal. Das ist heute anders. Da hat sich was verändert, aber ein toller Aspekt von Freundschaft blieb bestehen: Freunde verfolgen mich nicht, sie lassen mich auch gehen und in Ruhe. Sie sind temporär aktiv und passiv. Auch wenn man eine Zeitlang nichts voneinander hört, ist man sich der Zuneigung des Anderen bewusst.

Streiflicht zwei:
Freundschaft – das ist Heimat.

Oft wird der Begriff Heimat mit einem Haus, einer Stadt oder einem Land verbunden, dieses löst Kurt Tucholsky auf durch die Benennung eines Gefühls. Heimat sei da, wo man Freundschaft findet. Sie wird somit von einem bestimmten Ort befreit und macht Freundschaft von der Lokalität unabhängig. Aber nicht nur das. Das Erleben von Freund-schaft wird vom gemeinsamen Ort und damit auch aus der Zeit herausgelöst. Sie erfordert nur Vertrauen und Gewissheit.

Streiflicht drei:
Der beste Weg, einen Freund zu haben,
ist der, selbst einer zu sein.

Was Ralph Waldo Emerson hier formuliert, macht deutlich, dass man Freundschaft nur aktiv erlangt, sie wird einem nicht zugetragen. Sie fällt nicht vom Himmel, und wenn ich in meinem Kämmerlein sitze, wird sie mich nicht erreichen. Stellt man den Satz einem Zitat von Machiavelli aus dem ‚Fürsten' gegenüber: Der einfachste Weg, Informationen zu bekommen, ist selbst welche zu geben, so bekommt das Zitat von Emerson zwar einen dunklen Schatten - weil Machiavelli in einer traurigen Schublade steckt - untermauert aber doch nur das bisher Beschriebene: Die Zuneigung und das Vertrauen einer Freundschaft muss ich mir erarbeiten, auch wenn sie manchmal als ein Geschenk empfunden wird.

Streiflicht vier:
Gute Zeiten der Freundschaft fallen nicht einfach vom Himmel. Schon meine Oma verwies öfter auf den grundlegenden Wirkfaktor: Ohne Fleiß – kein Preis! Dabei ist allerdings die Struktur des Fleißes im Bereich der Freundschaftspflege nicht bildungstheoretisch definiert und festgemauert, sondern teilnehmerorientiert und prozessoffen. Freundschaft hat nicht als Zielfeld den Anderen zu belehren oder geldwerte Vorteile zu erlangen, sondern dem Anderen Zeit, Aufmerksamkeit und Zuwendung zu schenken.

Streiflicht fünf:

Der Polizeichef von New York formulierte: ‚Wenn Du in eine Sackgasse rennst, sieh hin, in welche Richtung. Wenn es die falsche ist, dann kehre um, bevor Du weiterläufst!‛ Freunde lassen mich nicht in Ruhe, wenn sie merken, dass ich in der Sackgasse in eine falsche Richtung laufe. Freunde sind keine Claqueure. Aus Freundschaft zu mir verlassen sie die Komfortzone und werden unbequem. In einem Lied beschreibt Clemens Bittlinger diese Freundschaftsfacette:

Freunde sind selten und selten bequem,
sind manchmal kantig und unangenehm.
Woll'n dir nicht gefallen, sondern zu dir gehör‛n,
steh‛n "auf der Matte", auch wenn sie grad stör‛n.

Streiflicht sechs:

‚Nur zwischen gleichen Naturen kann eine Freundschaft dauerhaft bestehen.‛ Dieses Zitat von Gandhi bestätigt die Seltenheit der Freundschaft, aber anderseits besagt es auch, dass Freundschaft nicht auf Dauer unbequem sein kann. Hanna Arendt hat es ähnlich formuliert wie Bittlinger: ‚Freundschaft geht immer auf des Messers Schneide.‛ Auch sie stellt den wesentlichen Aspekt der manchmal unbequemen Ehrlichkeit und Offenheit in den Vordergrund, aber eben auch das Vertrauen zueinander, sich auch mal die schmerzhaften Wahrheiten um die Ohren zu hauen – doch auch sie meint es nicht „dauerhaft" - sondern beschreibt nur die Möglichkeit. Versteht man Gandhi so, löst sich der scheinbare Widerspruch.

Streiflicht sieben:
‚Keine Straße ist lang mit einem Freund an der Seite' schreibt Rainer Maria Rilke und definiert Freundschaft so als ein erlebtes Gefühl, dessen besonderer Charakter die Zeitlosigkeit ist. Ist die Freundschaft mal erworben, hat sie den Gang auf des Messers Schneide bestanden, so ist die gemeinsame Straße der Freundschaft zwar manches Mal unbequem und nicht immer gemeinschaftlich, aber ein von der Zeit befreiter, aufregender und freier Weg der Zuneigung und des Vertrauens.

Streiflicht acht:
Der Mensch wurde von Gott erschaffen aus Freude am Gegenüber. Diese Freude am Gegenüber ist elementar in unseren Seelen verankert. So reagieren wir extrem positiv auf das situative Erleben von Freundschaft. Von Hermann Hesse stammt der Hinweis:

‚Wo befreundete Wege zusammengehen, da sieht die ganze Welt für einen Moment wie Heimat aus' – Heimat: Die Welt im Hier und Jetzt ist einfach heil.

Ergo:

Für jeden Einzelnen bedeutet die Aufgabe, Freundschaftsfähigkeit relevant im Leben zu implementieren, über die Fähigkeit und die innere Ruhe zu verfügen, im Augenblick verweilen zu können.

Beim näheren Hinsehen wird deutlich, dass es ein schweres Stück Arbeit ist, diese Kompetenz zu erwerben und sie gegen die Schnelllebigkeit der sozialen Umwelt zu verteidigen.

Spiel mir das Lied von der guten Beziehung

von Dr. Wilfried Grenz

Immer wieder kommt es in der Alltagsarbeit vor, dass Beziehungsstörungen mit Kollegen auftreten. Obwohl man gar nicht weiß, wieso eigentlich, denn es ist doch völlig klar: Ich habe es nur gut gemeint. - Ich war stets nett und freundlich zu dem anderen. - Ich weiß gar nicht, was da los ist. - Wieso ist bloß unsere Zusammenarbeit so schwierig geworden?

Ein Hinweis des Kommunikationsexperten Watzlawick hilft hier weiter:

Wahr – im Sinne von wirksam – ist nicht,
was der Sender sendet, sondern was der Empfänger hört.

Also: Die Senderwahrnehmung ist nicht stets identisch mit der Empfängerwahrnehmung. Um mit dieser Wirrung umzugehen, ist es wichtig, den Senderinhalt der kommunizierten Botschaft von dem Empfängerinhalt, was dieser gehört hat, zu trennen.

Ein Gespräch darüber, eine Diskussion muss also angestrebt werden. Das Wort Diskussion kommt von dem lateinischen Wort ‚discutere', zu Deutsch ‚zerschneiden'. Es müssen die Unterschiede zwischen Sender- und Empfängerinhalten der Botschaft herausgearbeitet werden. Gleichzeitig ist es wesentlich, hier auch die deutlich werdenden Unterschiede auszuhalten und dass jeder seine eigene und damit eben eine andere Sicht der Dinge hat.

Die Einmütigkeit ist damit natürlich dahin, eine Krise tritt in den Berufsalltag. Das chinesische Zeichen für Krise besteht aus zwei Elementen.

Die einzelnen Zeichen für Chance und Gefahr sind hier zusammengefügt. Somit besteht in den auftretenden Krisen eine Gefahr. Wenn ich die Störung in der Beziehung nicht weiter thematisiere, sondern - ausgelöst durch falsche Toleranz - in ein beleidigtes Schweigen eintrete, vertiefen sich die Gräben weiter. Dem gegenüber entsteht durch jede Diskussion - wo der Zustand der inneren Emigration verlassen wird - die Chance zu einer Differenzierung der Sichtweisen. Die individuellen Standpunkte werden deutlich gemacht und durch die Klärung wird eine Grundlage gelegt, neue Wege der Zusammenarbeit zu entwickeln.

Hier gilt als Ziel, in eine ‚Einheit in der Unterschiedenheit' einzumünden.

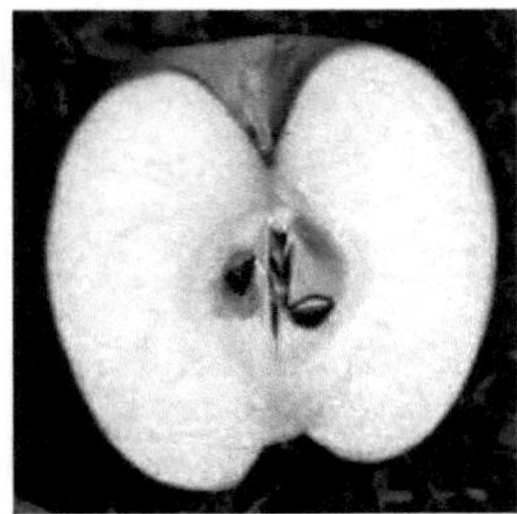

Jeder Apfel zeigt uns die erfolgreiche Einheit unterschiedlicher Stärken:

Eine arbeitsteilige Organisation zum Erreichen des übergeordneten Unternehmenszieles.

Die Schale ist hart - sie schützt vor den Außeneinflüssen. Das Fruchtfleisch ist weich - es verfault und gibt den Kernen die nötigen Nährstoffe. Die Kerne sind gefüllt, sie tragen die Fortpflanzungsmöglichkeiten in sich. Ohne Schale wird das Fruchtfleisch vom Regen zerstört, ohne Fruchtfleisch finden die Kerne keine Nährstoffe, ohne Kerne verfaulen Schale und Fruchtfleisch ohne Zukunft. Erfolgreich kann jeder Apfel nur weiterbestehen, wenn die unterschiedlichen Stärken in der Einheit eines Apfels zusammenwirken.

Dieses gilt auch für das Arbeiten in guten Beziehungen: Nicht alle sind gleich, sondern jeder bringt seine Individualität mit seinen besonderen Stärken und Schwächen ein und gemeinsam meistern wir die Aufgaben, die sich in unserem Berufsalltag stellen. Dabei übernimmt jeder den Part, für den er seine besonderen Stärken bereithält.

Wenn dabei unsere Apfelsolidarität gestört wird, weil wir den anderen und sein Handeln gerade nicht verstehen, sollten wir also die Unterschiede nicht einfach unter den Teppich kehren - Ich verstehe gar nicht, was der andere da eigentlich macht. - sondern offen damit umgehen.

Im Gespräch, in der Diskussion können wir die Unterschiede zwischen seiner und der eigenen Individualität herausarbeiten, um Wege zu beschreiten – damit diese Unterschiede zukünftig nicht gegeneinander stehen, sondern sich ergänzen.

Die Selbstmotivation des Mitarbeiters

von Dr. Wilfried Grenz

An vielen Stellen im Arbeitsalltag wird deutlich, dass eine erfolgreiche Leistung beim Mitarbeiter durch Fremdmotivation von außen nicht zu erreichen ist. Selbstmotivation wird darum oft als Zauberwort in die Diskussion geworfen. Es stellt sich die Frage, wie Selbstmotivation und Arbeitserfolg miteinander verknüpft sind.

Selbstmotivation ist die Motivation Dinge zu tun, um individuelle Ziele direkt zu erreichen. Diese Motivation zielt nicht in ersten Linie darauf ab, etwas Sekundäres zu erreichen, wie beispielsweise einen Lohn zu erhalten oder eine Strafe zu vermeiden, sondern sich selbst zu verwirklichen.

Für den Aufbau einer Selbstmotivation ist es somit unabkömmlich, dass individuelle Zielvorstellungen erfolgreich umgesetzt werden.

Die eigenen Ziele erreicht zu haben, bedeutet einen persönlichen Erfolg zu verbuchen. Es wurde mir nichts geschenkt, sondern der Erfolg gründet sich auf meine eigenen Anstrengungen. Diese Art von Erfolg motiviert für neue Vorhaben. Misserfolg an dieser Stelle blockiert und führt auf Dauer zu einem Abnehmen der Motivation, neue Ziele in Angriff zu nehmen.

Auch in diesem Bereich ist der Grundsatz aus der Physik wirksam:

Arbeit = Kraft x Weg

Die erfolgreiche Arbeit als Ausgangslage für die Selbstmotivation ist somit abhängig von den zwei Faktoren: Kraft und Weg.

Was bedeutet der Faktor Kraft?

Kraft bedeutet in diesem Zusammenhang Empowerment, d.h. die Kräfte des persönlichen Engagements zielgerichtet und reflexiv einzusetzen.

Grundsätzlich ist zu verzeichnen, dass Mitarbeiter engagiert ihren Tagesaufgaben nachgehen, um diese erfolgreich und persönlich zufriedenstellend zu bewältigen und nicht nur, um einen Lohn zu erhalten oder Ermahnungen zu vermeiden.

Damit aber das Engagement, welches hier als Faktor Kraft bezeichnet wird, in einen Erfolg mündet, muss der Faktor Weg ebenfalls berücksichtigt werden.

Wichtig ist die grundsätzliche Tatsache, dass die Faktoren Kraft und Weg nicht additiv miteinander verbunden sind, sondern als Multiplikation. Wenn also der Faktor Weg eine Sackgasse darstellt, kann beim Faktor Kraft auch noch so viel Engagement eingesetzt werden: Ein Erfolg stellt sich nicht ein. Stattdessen ergibt sich hier oftmals ein Einstieg in burn – out Entwicklungen.

Was beinhaltet der Faktor Weg?

In der Regel ist ein Mitarbeiter kein Einzelkämpfer, sondern in einem Team verknüpft. Dieses führt dazu, dass viele Wege nur beschritten werden können, wenn andere Kompetenzträger die Türen öffnen. Die individuelle Kraft erlahmt, wenn sie gegen verschlossene Türen rennt. Ein Erfolg bleibt aus und die Selbstmotivation nimmt so im Laufe des Arbeitslebens ab.

Oftmals bleibt nur noch der ‚Dienst nach Vorschrift' – der zwar den Lohn rechtfertigt und vor Ermahnungen bewahrt, aber mehr auch nicht.

Um also effektiv die eigene Kraft für den Erfolg einzusetzen, müssen die Kompetenzträger im Arbeitsumfeld mit einbezogen werden. Wichtige Hinweise, wie dieses erreicht werden kann, geben die drei dialektischen Regeln des Platon:

Die drei dialektischen Regeln des Platon

- Verhalte dich alterozentriert.
  (d.h., achte auf den Anderen. W.G.)

- Erreiche eigene und fremde Emotionalität.
  (d.h., baue ein persönliches Engagement auf. W.G.)

- Stelle Dich auf die kommunikativen Bedürfnisse Deines Partners ein.
  (d.h., rede mit ihm und nicht auf ihn ein. W.G.)

Was bedeuten diese Regeln für den Arbeitsalltag im Bereich der Selbstmotivation?

Menschen arbeiten nicht im luftleeren Raum, sondern in der Regel in einer arbeitsteiligen Organisation mit Kollegen zum Erreichen eines gemeinsamen Unternehmenszieles. Dementsprechend müssen die Regeln des Platon auch eine konkrete Umsetzung in die gemeinsame tägliche Arbeit vor Ort erfahren.

Im Folgenden dazu abschließend drei Streiflichter, die mögliche Wege näher beschreiben.

Selbstmotivation beinhaltet Fremdmotivation!

Es geht darum, den Anderen für die eigenen Ziele zu begeistern! Dazu ist es wesentlich, den Kompetenzträger nicht mundtot zu machen, sondern ihn von der Relevanz der eigenen Ziele zu überzeugen.

Selbstmotivation ist ein Produkt von offenen Türen!

Es geht darum, den Anderen in die eigenen Ziele mit einzubeziehen. Hierfür ist es wichtig, die eigenen Ziele und Umsetzungswege frühzeitig zu diskutieren. Dieses muss offen und nicht hinter verschlossenen Türen geschehen. Effektive Teamarbeit lässt sich mit Lobbyismus nicht vereinbaren.

Selbstmotivation findet in einem reflexiven Prozess statt!

Es geht darum, die Impulse des Anderen in meine Zielformulierungen aufzunehmen! ‚Wer A gesagt hat, braucht nicht B zu sagen, wenn er erkannt hat, dass A falsch ist', so Bert Brecht. Ohne Flexibilität werden die Ziele nicht den situativen Bedürfnissen angepasst, somit bleiben Türen verschlossen und die Kraft verpufft sinnlos an der Wand.

Frage eines Mitarbeiters: Was soll ich tun?

von Dr. Engelbert Götz

Mitarbeiter überraschen ihre Führungskraft häufig durch nicht nachvollziehbare Äußerungen, die sie sich aus dem Unternehmensalltag heraus nicht erklären können. Die Antworten passen nicht in das gelebte Wertesystem der Führungskräfte und zerstören oft genug das Vertrauen in die Arbeitswilligkeit des Mitarbeiters.

In einer Bankfiliale sitzen in einem Sitzungsraum die Filialleiterin, die Marktbereichsleiterin und deren Trainer am Arbeitsplatz und führen ein intensives Gespräch. Plötzlich klopft es, eine Mitarbeiterin aus der Filiale öffnet die Tür und streckt nur ihren Kopf durch den Spalt. Sie sagt: Ein Kunde hat sich beschwert, vor dem Briefkasten stehen zwei Mülltonnen. Was soll ich jetzt tun?

Nach einer kurzen Pause der Verblüffung antwortet ihr die Filialleiterin: Ja, gehen Sie raus und stellen Sie sie weg! Der Kopf verschwindet, die Tür wird geschlossen. Die Stimmung im Raum verändert sich. Alle drei sind betroffen von dieser Frage: Es sagt einem doch schon der gesunde Menschenverstand, was man da tun kann! - Ich verstehe das gar nicht, die Kollegin ist sonst eigentlich ganz intelligent! - Könnte das was mit Ihrem Führungsverhalten zu tun haben?

Die Konsequenz unterschiedlicher Erfahrungswelten

Die Leistungen in dieser Filiale sind unterdurchschnittlich, obwohl das Kundenpotential eher interessant scheint. Die Filialleiterin hat vor drei Monaten diese Filiale übernommen, nachdem sie vorher erfolgreich eine etwas kleinere Filiale derselben Bank geführt hat. Sie ist engagiert und mit hoher Motivation eingestiegen. Die Zahlen haben sich in dieser Zeit aber eher verschlechtert. Ihr altes Team führte sie mit einer offenen Kommunikation, die Mitarbeiter arbeiteten kooperativ im Entscheidungsprozess mit. Die Stimmung im Team war gut und die Leistungen deutlich überdurchschnittlich, man machte sogar privat einiges zusammen. Diesen erfolgreichen Stil importierte sie in ihr neues Filialteam.

Nach drei Monaten hatte sie einen emotionalen Punkt erreicht, der sie dazu trieb, autoritäre Entscheidungen zu treffen, jedem Mitarbeiter zu sagen, was er zu tun hat: Denn sonst passiert hier eh nix! Die Stimmung im Team ist nun schlecht, nach Dienstschluss streben alle pünktlich auseinander.

Was ist geschehen?

Die Bankfiliale wurde die letzten 25 Jahre von einer Mitarbeiterin geleitet, die die Marktbereichsleiterin wie folgt charakterisierte: Die Frau hatte den Ruf wie ein Feldwebel zu agieren: Alles über meinen Tisch! Hier passiert nichts, was i c h nicht genehmigt habe!

Wer 25 Jahre durch eine solche Führungskraft controlled wurde, hat es gelernt, sein Gehirn beim Betreten des Arbeitsplatzes abzugeben, das Selbstwertgefühl morgens an der Garderobe wegzuschließen. Das ist für viele die einzige Strategie, um in solch einem Umfeld, in dem Fehler nicht verziehen werden, in dem Eigeninitiative bei Höchststrafe verboten ist, zu überleben.

Folgt nun eine Führungskraft, die kooperativ und offen, auf die Eigeninitiative und die Selbstmotivation der Mitarbeiter bauend, die Filiale leitet, nimmt die oben beschriebene Entwicklung ihren Lauf: Die Mitarbeiter haben ihr Gehirn und ihre Eigeninitiative immer noch deaktiviert. Die offene und den Menschen zugewandte neue Führungskraft beginnt zu verzweifeln. Sie entscheidet: Nur wenn ich klare Anweisungen gebe, passiert was, sonst nicht. Also gut, wenn ihr es so haben wollt, das kann ich auch.

Die Lust am Elend ...

Das Problem ist, dass die Mitarbeiter erst wieder lernen müssen, ihr Gehirn einzusetzen. Es ist nicht so, dass sie nicht denken können und keine Selbstmotivation mehr haben, sie haben nur gelernt, dass es an ihrem Arbeitsplatz nicht erwünscht ist. Die plötzliche Freiheit führt nicht zu Begeisterungsstürmen der Erleichterung - endlich haben wir wieder die Freiheit zu handeln - sondern zum Erleben einer starken Verunsicherung.

Für die Mitarbeiter beginnt ein Veränderungsprozess, der aus einem ausführenden Befehlsempfänger genau definierter Handlungen einen mit Kompetenzen und Freiräumen ausgestatteten Entscheider machen will. Sie fühlen sich nicht befreit, sondern bedroht! Denn nun müssen sie selbst die Verantwortung für ihr Handeln übernehmen – auch wenn ihre Entscheidungen negative Auswirkungen haben.

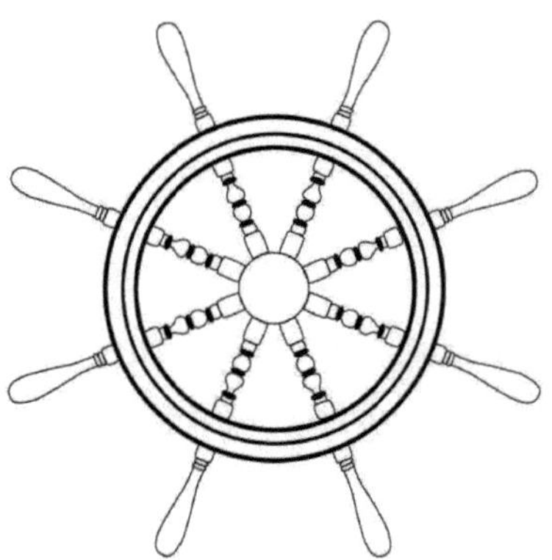

Die Folge ist eine kategorische Verneinung der Mitarbeiter, nicht aus Bequemlichkeit oder Trotzigkeit, sondern aus Angst. Reagiert nun die Führungskraft mit den alten Instrumenten, den autoritären Anweisungen, ist überraschenderweise die Stimmung eher entspannter. Die heile alte Welt funktioniert wieder.

... besiegt durch Geduld und Nähe.

In einer solchen Situation gibt es keinen Königsweg, denn je nach Grad der Domestizierung kann bei den Mitarbeitern dem eigenverantwortlichen Handeln unterschiedlich wieder Raum gegeben werden. Als eine Möglichkeit, dem selbstständigen Denken und Entscheiden im Arbeitsalltag eines Teams Raum und Zeit zu eröffnen, hat sich der folgende Weg erwiesen:

Am Anfang der Entwicklung steht die Entscheidung der Filialleitung, die Mitarbeiter eng zu führen, um sie so über die Angstschwelle der Verunsicherung zu begleiten. Dementsprechend werden die Veränderungen der Arbeitsstrukturen von oben bedacht und festgelegt. Im Weiteren strukturiert die Filialleitung den Arbeitsalltag so, dass sich Projekte ergeben, die jeweils von einem Mitarbeiter verantwortlich geleitet werden können.

Bei der Begleitung der Projektarbeit achtet die Filialleitung darauf, dass stets deutlich wird:

- Fehler dürfen gemacht werden.
- Selbstständige Entscheidungen im Rahmen der Kompetenzen sind erlaubt.
- Lösungsvorschläge, die auf den ersten Blick als ungewöhnlich erscheinen, sind erwünscht.

Es wird seitens der Filialleitung gewährleistet, dass keine Projekte im Sande verlaufen, sondern alle einen Schlusspunkt haben.

- Wenn das Projekt erfolgreich war, wird dieses gemeinsam gewürdigt – an dieser Stelle kann sich eine Feierkultur entwickeln.
- Wenn das Projekt gescheitert ist, wird geklärt, welche positiven Lehren für die Zukunft in den Trümmern liegen und ob eine Schadensbegrenzungsarbeit notwendig ist – an dieser Stelle zeigt sich, ob die Filialleitung nur redet oder auch mal den Kopf für die Mitarbeiter hinhält.

Grundsätzlich ist es zwingend notwendig, mit dem Betreten des Veränderungsweges eine hierarchiefreie Feedbackkultur zu implementieren. So prägt nach und nach immer mehr ein offenes Kommunikationsklima die arbeitsteilige Zusammenarbeit – und das über alle Hierarchiestufen der Filiale hinweg.

Eine Führungskraft, die mit einem strahlenden Lächeln den Mitarbeitern alle Freiheiten gibt und sie in ihrem Arbeitsprozess alleine lässt - denn herausfordernde, realistische Ziele wirken ja positiv und motivierend - hat in domestizierten Teams den gleichen Effekt, wie die Aussage gegenüber einem unter Depression leidenden Menschen: Nun seien Sie mal fröhlich.

Die Frage
Was soll ich tun!?!
ist ein Hilferuf --
nicht weniger und nicht mehr!

Das Empowerment des Mitarbeiters

von Dr. Wilfried Grenz

Empowerment, Motivation, Handlungskompetenz, Leistungssteigerung, Coaching, Zielvereinbarungen – viele Schlagwörter prägen die aktuelle Diskussion im Bereich der Mitarbeiterführung. Eine Abgrenzung der Begriffe bringt ein wenig Ordnung in diese Diskussion.

Empowerment meint als Begriff die Selbstermächtigung eines Mitarbeiters. Dabei wird davon ausgegangen, dass nicht die Führungskraft dem Mitarbeiter sagt, was er in seiner Situation zu tun hat, sondern dass der Mitarbeiter selbst die Verantwortung für seine Aufgabe und die zugehörige Organisation übernimmt.

Beim schrittweisen Erlernen und Praktizieren dieser Selbstorganisation handelt es sich um einen Entwicklungsprozess. Das Ziel dieses Empowerments ist klar umrissen:

Der Mitarbeiter wird in die Lage versetzt und ermächtigt, seine individuelle Situation

- selbstständig zu durchschauen
- kritisch zu hinterfragen
- konstruktiv zu bewältigen

Empowerment bedeutet für die Führungskraft dabei nicht nur, seinen Mitarbeiter dazu zu befähigen, selbstständig zu werden und seine Aufgaben alleine zu regeln, sondern - wenn der Mitarbeiter seine Selbstständigkeit erreicht hat - dieses auch zu akzeptieren.

Empowerment umfasst neben der Selbstermächtigung auch die Selbstmotivation.

Zur Selbstermächtigung im Sinne des Empowerments gehört untrennbar auch die Selbstmotivation. Externe Motivationen durch Lohn oder Strafe sind nur kurzfristig wirksame Führungswerkzeuge. Langfristige Verhaltensänderungen beim Mitarbeiter werden nur dadurch erreicht, dass der Mitarbeiter aus Einsicht heraus einen bestimmten Weg einschlägt.

Eine optimale Leistung setzt sich aus verschiedenen Faktoren zusammen.

Damit ein Mitarbeiter im Arbeitsalltag eine optimale Leistung erbringt, muss folgende Formel beachtet werden:

$$\text{Leistung} = f\,(B \times K \times M)$$

Jede Leistung beim Mitarbeiter setzt sich aus den drei Funktionen Bereitschaft, Kompetenz und Möglichkeit zusammen. Wenn hierbei ein Faktor null beträgt, bedeutet dieses, dass die gesamte Leistung gleich null ist. Grundsätzlich ist zu beachten, dass die Verantwortungsbereiche zwischen dem Mitarbeiter und der Führungskraft klar umrissen sind.

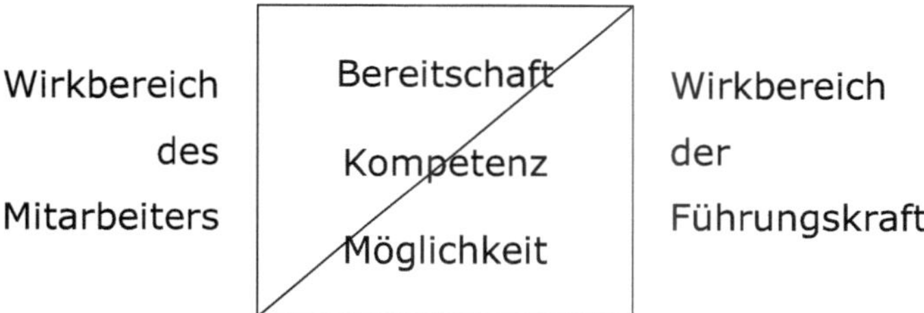

Die Verantwortung für die Bereitschaft liegt allein im Bereich des Mitarbeiters. Die Führungskraft hat fast keinen Einfluss darauf, die Leistungsbereitschaft des Mitarbeiters zu beeinflussen. Es ist längst eine unbestrittene Tatsache, dass beispielsweise eine leistungsbezogene Bezahlung nur einen minimalen Einfluss auf die Leistungsbereitschaft eines Mitarbeiters hat.

Dagegen hat die Führungskraft die volle Verantwortung für die Leistungsmöglichkeiten des Mitarbeiters. Hoch motivierte und kompetente Mitarbeiter können keine Leistung erbringen, wenn ihre Möglichkeiten durch die Führungskraft beschnitten werden.

Was kann nun konkret getan werden,
damit ein Mitarbeiter eine optimale Leistung erbringen kann?

Es liegt in der Verantwortung der Führungskraft, den Mitarbeiter in dem Arbeitsbereich einzusetzen, für den er die nötigen Personal- und Handlungskompetenzen mitbringt. Gegebenenfalls muss die Führungskraft dafür sorgen, dass der Mitarbeiter durch Schulungsseminare die erforderlichen Handlungskompetenzen erhält. Es liegt in der Verantwortung des Mitarbeiters, sich die Handlungskompetenzen durch aktive Mitarbeit in den Schulungsseminaren zu Eigen zu machen. Er darf nicht wegtauchen, sondern muss aktiv seine Entwicklungsfelder angehen und bearbeiten.

Auf die Leistungsbereitschaft des Mitarbeiters und das individuelle Empowerment, welches sich hier zeigt, hat die Führungskraft keinen Einfluss. Weder gutes Zureden noch die Androhung von Sanktionen haben letztendlich eine Wirkung. Ein Empowerment des Mitarbeiters ist durch reine Schulungsseminare, bei denen der Aufbau einer Handlungskompetenz im Mittelpunkt steht, nicht zu bewirken. Es obliegt allerdings der Führungskraft, dem Mitarbeiter Zeit und Raum für das Coaching einzuräumen, bei dem der Aufbau von individuellem Empowerment im Zentrum steht.

Die Ziele von Coaching Seminaren bzw. dem Einzelcoaching müssen dabei klar definiert sein, wie beispielsweise beim Origintraining von DeCharms:

- Der Mitarbeiter lernt, sich selbst realistische, aber anspruchsvolle Ziele zu setzen.
- Er lernt seine eigenen Stärken und Schwächen kennen.
- Er gewinnt Vertrauen in die Wirksamkeit des eigenen Handelns.
- Er erwirbt die Strategie, sich präzise Rückmeldungen einzuholen, inwieweit er sein Ziel erreicht hat.
- Er übernimmt Verantwortung für die eigenen Handlungen und deren Folgen.

Fazit I:

Der Mitarbeiter ist seine eigene Chairperson

Wie es in dem alten Lied heißt: Die Gedanken sind frei. Das bedeutet, der Mitarbeiter ist letztendlich voll verantwortlich für sein individuelles Empowerment. Dem Einfluss von Führungskräften sind hier eindeutige Grenzen gesetzt. Ergebnisse, dass der Mitarbeiter sich klar hinter die corporate aims stellt, sind nur dann zu verzeichnen, wenn der Mitarbeiter dieses auch will. Bei der Entwicklung der Einsicht, dass dieses für die berufliche Situation des Mitarbeiters eine wichtige Determinante darstellt, bleibt der Führungskraft lediglich eine beratende Funktion.

Fazit II:

Gute Führungskräfte versuchen nicht ihre Mitarbeiter zu motivieren, sondern sie vereinbaren klare Zielvereinbarungen und sorgen dafür, dass diese erreicht werden.

Berufliches Handeln will von leistungsbereiten Mitarbeitern als Herausforderung erlebt werden. Der Mitarbeiter, der seine Personal- und Handlungskompetenzen einbringt und auch die Möglichkeit bekommt, etwas zu bewirken, hat Erfolgserlebnisse – und diese motivieren. Die Aufgabe der Führungskraft besteht darin, die Arbeitsbereiche so zu gestalten, dass der Mitarbeiter nicht über- oder unterfordert ist, sondern seinen Berufsalltag als Herausforderung erlebt.

Kommunikation: fair, ehrlich + konsequent

von Dr. Engelbert Götz

Lutz von Rosenstiel und Gerhard Cornelli schreiben in ihrem Buch Führung zwischen Stabilität und Wandel: Der Vorgesetzte ist derjenige, der durch kompetente gelebte verbale und non-verbale Kommunikation für das Unternehmen der Transmissionsriemen ist. Er sorgt für die Bindung.

Ein Vorstand in Sachsen-Anhalt hat dies im letzten Jahr in Deutschland gegenüber seinen Führungskräften wie folgt formuliert: Bitte behandeln Sie Ihre Mitarbeiter ordentlich, denn spätestens ab 2014 werden wir uns um Mitarbeiter bewerben müssen! - Der demographische Wandel ist somit endgültig in den erfolgreichen Unternehmen angekommen.

Die Wirkung der Führungskräfte auf die Leistungsprozesse ...

Die unmittelbare Führungskraft ist nicht nur der entscheidende Faktor für den Leistungsprozess im Unternehmen, sondern eben auch für das Ansehen des Unternehmens auf dem Bewerbermarkt. Der Demographie-Effekt führt also nicht mehr nur zum Fachkräftemangel, sondern generell zum Mangel an Mitarbeitern überhaupt.

Damit entsteht ein Problem an den beiden Enden der Altersstruktur der Mitarbeiter: Es müssen genügend junge Mitarbeiter akquiriert und erfahrene Mitarbeiter gehalten werden.

Welchen Wert das Erfahrungswissen der Mitarbeiter hat, die schon eine Weile im Unternehmen arbeiten, ist kaum abzuschätzen. Dienstleistungsunternehmen, die heute noch blind Mitarbeiter mit langjähriger Unternehmenszugehörigkeit aufgrund von Kennzahlen wie Cost-Income-Ratio oder Personalaufwandsquote entlassen, haben zwar die betriebswirtschaftliche Kennzahlen-Welt der MAK – Mitarbeiterkapazität – oder VBE – Voll-Beschäftigten-Einheit – verstanden, vom wenig mechanistischen, unternehmerischen Alltag aber wenig begriffen.

Werden geeignete Prozesse im Unternehmen genutzt und von den Führungskräften gelebt, sind darin eingebundene ältere Mitarbeiter motivierte Leistungsträger, die einen erheblichen Beitrag zur Wertschöpfung eines Unternehmens beitragen.

... und die Loyalität zum Unternehmen ...

Ein zusätzlicher Vorteil ist die viel effizientere Lernkurve der jungen Mitarbeiter, wenn sie über geeignete Methoden mit den älteren Mitarbeitern zusammengeführt werden und eine entsprechende Steuerung vor Ort durch die unmittelbaren Führungskräfte erfolgt. Junge Mitarbeiter, die in Workshops mit nach Jahren alten, offenen Führungskräften in kleinen Projekten arbeiten, fühlen sich ernst- und angenommen.

Werden sie dabei von den Führungskräften auf diesen Prozess vorbereitet, erleben sie eine Wertschätzung vom Unternehmen, die die Loyalität exponentiell ansteigen lässt. Sie erhalten und erleben ein sicheres Umfeld in einer für sie höchst unsicheren Situation. Ausgelernte Azubis, die einen befristeten Vertrag als Springer angeboten bekommen, erleben dieses ganz anders – und oft im wahrsten Sinne ihrer Position.

... sind ein entscheidender Kostenfaktor.

Der entscheidende Faktor in diesem Szenario ist die unmittelbare Führungskraft, sie ist schlicht Vorbild. Wird die Führungskraft wertschätzend, kompetent und fair erlebt, steigt die Bindung zum Unternehmen deutlich an. Mitarbeiter, die dies erleben, sind gegenüber Abwerbungsversuchen geimpft. Ihre Loyalität lässt sich nicht durch Geld und ähnliche Anreize abkaufen, denn der Schritt in die Unsicherheit beinhaltet für sie enorme, gefühlte Risiken.

Einzige Bedingung für dieses Erfolgsrezept ist eine stringente und konsistente Kommunikation zu den Kollegen. Divergenzen zwischen der geäußerten und gelebten Kommunikation werden dabei besonders sensibel erlebt. Chefs, die verbal Offenheit und Freundlichkeit aussenden, deren nonverbale Kommunikation aber das Gegenteil fühlen lassen, sind dabei das größte Risiko. Botschaften auf dieser Ebene werden gefühlt, d.h. unterschwellig, entscheidend wahrgenommen. Worte werden dann zu Schall und Rauch. Ehrlichkeit ist der entscheidende Loyalitätshebel.

Die nahe, erfolgreiche Zukunft der Unternehmen hängt an den unmittelbaren Führungskräften. Ist ihre Kommunikation wertschätzend, ehrlich und vom Zuhören geprägt, ist die Mitarbeitergewinnung und -bindung kein relevantes Problem für die beschäftigenden Unternehmen. Wird fair, ehrlich und konsequent, insbesondere mit den jungen Kollegen, kommuniziert, wird die einzige immer funktionierende Kommunikationsebene - die Buschtrommel - für eine solide Mitarbeiterbasis sorgen, ohne zusätzliche Kosten!

Gedanken über die Pünktlichkeit

von Dr. Wilfried Grenz

Unser Arbeitsalltag ist strukturiert durch Termine für Gespräche, Besprechungen und Veranstaltungen. Das ist effektiv und sinnvoll, weil so die lästigen Wartezeiten vermieden oder zumindest minimiert werden können. Optimiert wird diese Regelung, wenn der alte Leitsatz aus dem Militär hinzukommt:

Fünf Minuten vor der Zeit
ist des Soldaten Pünktlichkeit.

Im täglichen Arbeitsablauf tritt immer mal wieder eine bestimmte Situation ein: Der Termin ist da - der erwartete Gesprächspartner allerdings nicht. Was passiert? Als Erstes setzt die Unsicherheit ein. Also wird der Terminkalender kontrolliert: Stimmt, jetzt sollte er da sein. Das Datum stimmt und die Uhren im Büro gehen auch richtig. Ein ärgerliches Gefühl kommt um die Ecke.

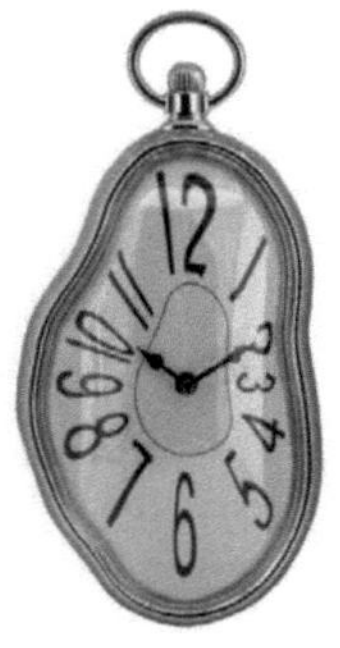

Wer sich verspätet,
raubt dem Anderen seine Zeit.

Für die gemeinsame Arbeit ist alles vorbereitet, es bleibt nichts mehr zu tun und Däumchen drehen befriedigt auch nicht wirklich. Also nehme ich am Schreibtisch eine Zwischentätigkeit auf, der ich aber nicht voller Konzentration nachgehen kann. Die Zeit verrinnt, der Gesprächspartner meldet sich nicht. Nun tauchen Sorgenfalten auf der Stirn auf. Hoffentlich ist ihm nichts Ernsthaftes passiert oder er hat mich einfach versetzt, was schade wäre, denn wir haben eine gute und erfolgreiche Zusammenarbeit. Schließlich war bisher das Ergebnis unserer Arbeit stets eine win win Situation für beide.

Aber da: Strahlend betritt der Gesprächspartner den Raum. Er stellt die Personifizierung des Satzes von Friedrich Schiller aus dem Wallenstein Drama dar:

Dem Glücklichen schlägt keine Stunde.

Unbekümmert beginnt er - wie wir es für die Arbeitskontakte gelernt haben - mit dem Smalltalk der ersten Gesprächsphase. Wie heißt es da so schön: Die erste Phase stellt den Kontakt her und ist geprägt von Höflichkeit und Allgemeinplätzen. Allerdings ist meine innere Gefühlslage eine andere. Ich versuche mein Unwohlsein zu formulieren, indem ich die Verspätung des Anderen anspreche und von meinem eigenen Vater erzähle, von dem gesagt wurde: Er war immer pünktlich wie die Maurer.

Beim Gesprächspartner scheinen die dezenten Hinweise nicht anzukommen. Lachend verweist er darauf, dass dieser Redensart das verbreitete volkstümliche Vorurteil zugrunde liegt, dass Maurer besonders darauf bedacht sind, das Ende ihrer vereinbarten Arbeitszeit genau einzuhalten und auf die Minute genau die Kelle aus der Hand legen. So folgt er weiter ungezwungen dem Leitsatz aus seiner eigenen Selbsterfahrungsgruppe:

Nimm Dir die Zeit, die Deine Seele braucht.

Nun denn, endlich kann die Arbeit beginnen. Allerdings steht der nächste Termin in Form eines anderen Gesprächspartners bereits vor der Tür. Das bedeutet, es werden heute nicht alle geplanten Arbeiten geschafft. Dementsprechend wird ein neuer Termin verabredet und in den Kalender eingetragen. Das Spiel kann so von neuem beginnen. Hoffentlich ist keiner von den Beteiligten das nächste Mal unpünktlich.

So gilt für das normale Arbeitsleben:

Unpünktlichkeit passiert.
Shit happen's – mal ist man die Taube und mal das Denkmal.

Was ist, wenn ich aber grundsätzlich an dieser Stelle eine Veränderung erreichen möchte? Dann kommt die Zunft der Supervisoren um die Ecke. Sie verweisen darauf, dass vom Wortsinn her Supervision bedeutet, die Sache von oben zu betrachten. Also begeben wir uns aus dem Alltagsgewühl im Tal des Lebens auf den Hügel der Supervision und betrachten die Dinge von oben.

Das setzt das direkte Gespräch mit dem Anderen über das Thema Pünktlichkeit - und seinen Umgang damit - voraus. Das Ziel ist dabei nicht, den Verhandlungspartner oder den Kollegen zu erziehen, sondern alternative Handlungsmöglichkeiten und Regelungen zu finden, die auch an dieser Stelle eine win win Situation für beide ergeben.

Soviel Bekanntes in diesem Aufsatz. Und doch sind zwei Dinge Tag für Tag im Tal des beruflichen Alltagsgeschehens zu erleben: Unpünktlichkeit führt zu schlechter Laune und Henry Ford's Hinweis beschreibt die Handlungsstarre:

Die meisten Menschen wenden mehr Zeit und Kraft daran,
um die Probleme herumzureden, als sie anzupacken.

Der Humor im Verlauf der Lebensphasen

von Dr. Wilfried Grenz

Das Lachen als eine Reaktion auf die Reize der Umwelt findet sich bereits beim Säugling. Kindergarten- und Grundschulkinder lachen über sprachlichen Nonsens und in der Pubertät zeigen sich geschlechtsspezifische Merkmale bei der unterschiedlichen Bewertung, was witzig ist. Im Erwachsenenalter stellt Humor dann eine wesentliche Strategie der sozialen Interaktion dar. Die ausgereifte kognitive Kompetenz verhilft dazu, humoristische Aktionen als Problembewältigungsstrategie einzusetzen. Im Alter nehmen die kognitiven Fähigkeiten ab, aber das Lachen als Problembewältigungsstrategie bleibt.

Das Lachen stellt eine positive Interpretation einer verunsichernden Situation dar. Bereits beim Säugling zeigt sich die angeborene Reaktionsspaltung, wenn ein unvorhergesehener Reiz auftritt:

- Interpretation positiv: Lachen und Annäherungsverhalten
- Interpretation negativ: Weinen und Ausweichverhalten

Diese Reaktionsspaltung auf unvorhergesehene Reize bleibt ein Leben lang. Allerdings wird die Reaktion nicht mehr so direkt kommuniziert. Oft wird sich das Lachen verkniffen und die Tränen werden unterdrückt. Wenn ich nun einen Reiz in Form eines Witzes aussende, ist die Interpretation durch den Anderen nur bedingt von außen zu bestimmen.

Seitens des Anderen wird die Interpretation durch determinierende Persönlichkeitsmerkmale - Der geht immer zum Lachen in den Keller - und situative Gefühlslagen - Mir ist gerade nicht zum Lachen zumute - gesteuert.

Der Humor im Verlauf der Interaktion

Ausgangslage: Eine Langeweile- oder Stresssituation tritt ein. Das empfinde ich als Problem und entscheide mich für die Bewältigungsstrategie Humor. Mein Reiz in Form eines Witzes beinhaltet dabei eine Annäherung an den Anderen. Der entscheidet mit seiner Reaktion den weiteren Verlauf.

Reaktion 1: Der Andere lacht

Der Andere reagiert positiv auf meinen Annäherungsversuch. Das löst erst einmal mein Problem, weil ich die Langeweile- oder Stresssituation gelockert habe. Ich habe also die Problembewältigungsstrategie Humor erfolgreich eingesetzt. Im weiteren Verlauf ergeben sich allerdings manchmal zwei Fallstricke, die ich im Auge behalten sollte.

Die Anmache: Es kann passieren, dass der Andere die Intention meiner Annäherung falsch interpretiert und für mich inakzeptable weitere Verläufe ins Auge fasst.

Der Fettnapf: Es kann passieren, dass ich mich durch das entspannte Klima des Lachens für eine nächste Annäherung entscheide. Die wird dann aber von dem Anderen als aufdringlich - und somit negativ - bewertet.

Reaktion 2: Der Andere lacht nicht

Der Andere reagiert negativ auf meinen Annäherungsversuch. Dabei kann positiv genutzt werden, dass sich ein Kommunikationskanal öffnet, den ich weiter nutzen kann. Ein Gesprächspartner, der reagiert, steht noch als Kommunikationspartner zur Verfügung. Das bedeutet aber, ich muss eine andere Problembewältigungsstrategie als den Humor einsetzen. Bei der sofortigen Reaktion auf die Kältewelle gibt es ebenfalls zwei typische Fallstricke, die umgangen werden müssen.

Die Schuldzuweisung: Das Problem, welches ich lösen wollte, stelle ich nach hinten und rege mich aktuell über die Humorlosigkeit des Anderen auf. Das Problem bleibt unbearbeitet.

Der Krieg: Um den Anderen gegen seinen Willen doch zum Lachen zu bringen, lege ich einfach nach. Schlimmstenfalls, indem ich mich über seine offensichtliche Humorlosigkeit mit anderen im Raum auslasse.

Der Humor als Kommunikationswerkzeug

Führungskräfte befinden sich oftmals in der Leitungsposition von Arbeitssitzungen. Wenn dort im Verlauf zähe Langeweile oder emotionaler Stress aufkommt, wird von ihnen ein steuerndes Eingreifen gefordert. An dieser Stelle kann eine humoristische Intervention die Prozesse wieder in Gang bringen oder die Verhärtung von Fronten vermeiden.

Die grundlegende Aufgabe, die Bearbeitung des auslösenden Problems, kann dann mit dem augenblicklichen Einsatz von Humor zur Lockerung des Arbeitsklimas hinaus fortgesetzt werden. Eine alte Weisheit formuliert: Wenn man miteinander gelacht hat, kann man anschließend schlechter aufeinander schießen! ... auch wenn der Einsatz von Humor seine Grenzen hat.

Vom Vorstand, der sich nicht traute

von den Dres. Götz und Grenz

Es wird hier kein bestimmter Vorstand beschrieben,
aber wir haben diese Abläufe real erlebt.

Die Situation:

Der Weg der Sparkasse führt zu einer Gabelung. Der alte Weg spaltet sich in zwei Alternativen. Obwohl es sich die Führungsriege gemütlich gemacht hat und sich in der Situation wohl fühlt, zwingen interne und externe Wirkfaktoren zu einer Entscheidung: Blumengärtlein mit Holzbank und geringem Ertrag oder Ackerland mit Trecker und großem Ertrag.

Die Aufgabe:

Die Altvorderen beschrieben diese mit dem Satz ‚Manchmal muss das Blumengärtlein umgegraben werden, damit fruchtbares Ackerland entsteht!' Ein kompetenter Vorstand verschließt sich dementsprechend auch nicht der Situation, sondern nimmt seine Aufgabe wahr, den notwendigen Veränderungsprozess zu verantworten.

An dieser Stelle erleben wir, dass bei uns als externe Berater angefragt wird, welche Vorschläge zur Struktur eines Veränderungsprozesses wir haben. Gemäß dem alten Malergrundsatz: Nichts ist so teuer wie die Tapete auf einer nassen Wand!

reflektieren wir als einen ersten Schritt die Beschaffenheit der Wand. Hier in dieser Sparkasse zeigt sich grundsätzlich eine Schieflage in der Aufgabenerledigung der einzelnen Verantwortungsebenen im Rahmen ihrer arbeitsteiligen Organisation.

Es wird ganz deutlich, ohne Einbindung des Vorstandes kann dieses Projekt nicht erfolgreich werden. Wenn in einem Unternehmen fast alles verändert wird, reicht es nicht, die Führungsebene eines Bereichs fit zu machen! So gut wie alle Schnittstellen sind betroffen, d.h. die Wand ist nass und welcher Architekt würde dann das Schwergewicht auf die Auswahl und das Kleben der Tapete legen?

Die Schieflage:

Die Mitglieder der ersten Verantwortungsebene waren aus der zweiten Verantwortungsebene aufgestiegen, haben aber dabei den Arbeitsansatz der zweiten Verantwortungsebene beibehalten. Das Verlangen der zweiten Verantwortungsebene nach Absicherung durch die erste Verantwortungsebene entspricht somit auch dem Interesse der ersten Verantwortungsebene, weiterhin direkte operative Entscheidungen zu treffen.

Das führt dazu, dass die erste Verantwortungsebene zwei Jobs erledigt und an einer Flut von Entscheidungen erstickt, die eben auch das operative Geschäft betreffen. Wichtige Beschlüsse zu operativen Fragen erfolgen nicht mit einer angemessenen Schnelligkeit und sind manchmal durch eine gewisse Praxisferne geprägt.

Die zweite Verantwortungsebene stört daneben direkt den Arbeitsalltag der dritten Verantwortungsebene, weil sie ebenfalls noch organisatorische Anweisungen erlässt. Das bedeutet für die Mitarbeiter, dass sie zwei Führungskräfte - ihre Geschäftsstellenleiter und die Bereichsleiter - haben, die oft sogar noch unterschiedliche Anweisungen geben.

Besonders chaotisch wird die Situation, wenn die erste Verantwortungsebene den Arbeitsansatz der dritten Verantwortungsebene praktiziert, weil sie diesen auch durch ihre Zeit als Mitglied der zweiten Verantwortungsebene hindurchgerettet hat. Dann erlebt beispielsweise der Mitarbeiter, dass er zusätzlich weitere direkte Vertriebsanweisungen aus der ersten Verantwortungsebene erhält.

Das Bedürfnis, die Kontrolle zu behalten, gerade in besonders gravierenden Veränderungsprozessen, ist nur natürlich. Der Fehler liegt nur in der Art der Kontrolle. Gefordert ist nicht die strikte Anweisung im Sinne der Befehlstaktik, sondern ein konzeptioneller Schritt im Sinne der Auftragstaktik.

Die Führungskräfte der verschiedenen Ebenen müssen befähigt werden ihre neue Aufgabe - ihren Auftrag - im Sinne des Unternehmens erfolgreich zu erledigen.

Das heißt, die Kontrolle der ersten Ebene liegt in der engen Kommunikation während der Befähigungsmaßnahmen der zweiten Ebene – und diese Schritte setzen sich von Ebene zu Ebene fort. Jeder andere Weg führt ins Chaos.

Jede nicht geplante Entwicklung, jede nicht vorher erfasste Situation erfordert eine Veränderung des Befehls – und wenn ein ganzes Unternehmen von einem Veränderungsprozess erfasst wird, dann ist aber gerade dies der Alltag. Damit ist klar, ist der Vorstand nicht in den Prozess integriert, sondern hat nur einen Befehl gegeben, wird er zum Flaschenhals als Entscheidungsträger des neuen Befehls.

Der Vorschlag:

Bevor eine Tapete beispielsweise in Form einer Implementierung von vertriebssteigernden oder kommunikationsfördernden Konzepten geklebt wird, wird der Zustand der Wand reflektiert und optimiert. Als ersten konkreten Schritt klärt der Vorstand als erste Verantwortungsebene die aktuelle Sinnhaftigkeit seiner strukturellen Vorgaben und sichert, dass die zweite Verantwortungsebene der Abteilungsleitungen diese auch in seinem Sinne umsetzen. Es gilt auch hier: ‚Wahr - im Sinne von wirksam - ist nicht, was der Sender sendet, sondern der Empfänger hört!' so Paul Watzlawick

Die Abteilungsleiter legen in einem zweiten Schritt die Grundlagen, ihre Verantwortung für die operative Umsetzung umfassend wahrzunehmen. Es muss vermieden werden, dass operative Entscheidungen nach oben abgewälzt werden. Hilfreich ist an dieser Stelle der Hinweis, dass es besser ist, wenn die Abteilungsleiter der zweiten Verantwortungsebene dem Ansatz folgen, lieber einmal um Entschuldigung zu bitten als neunmal um Erlaubnis.

Für die dritte Verantwortungsebene werden in einem weiteren Schritt Strukturen errichtet, dass sie die Vorgaben für die Organisation der Aufgabenerledigung vor Ort durch ihre Mitarbeiter von der zweiten Verantwortungsebene erhalten. Der Vorstand darf nicht durch eigene operative Weisungen Verwirrung stiften.

Wird der umgekehrte Weg gegangen, das heißt, beginnen wir doch einfach mal auf der unteren Ebene und mit klaren Vorgaben, dann wird alles gut, kommt die Ebene - die am Kunden arbeitet - nicht mehr zur Ruhe und wird nicht erfolgreich arbeiten.

Jede Veränderung, die auf den obersten Ebenen erfolgt, hat zwingend Einfluss auf jede Ebene darunter.

Beginnt die Arbeit also auf der untersten Ebene, so kann hier kurzfristig sicherlich eine Verbesserung erreicht werden – verändert sich dann aber etwas auf der Zuliefererseite, im BackOffice oder bei den Verantwortlichkeiten im Vorstand, fällt die Tapete von der Wand.

Die erlebte Erfahrung ist naheliegend und nachvollziehbar: Wenn sich die da oben widersprechen; sitzen wir das aus und machen einfach weiter wie gewohnt! - Zitat eines Mitarbeiters

Das Ergebnis:

In dem hier beschriebenen Fall traute sich der Vorstand nicht. Das führte zu drei wesentlichen Konsequenzen, die den weiteren Weg gestalten.

1.:

Der Vorstand hatte kein Vertrauen zu seiner zweiten Verantwortungsebene, dass diese ohne engmaschige Kontrolle seine strukturellen Vorgaben auch in seinem Sinne im Gesamthaus der Sparkasse operationalisiert.

Fazit:

Die Anzahl der Vorstandsbeschlüsse pro Jahr blieb weit über der 200er Marke.

2.:

Der Vorstand hatte kein Vertrauen dahingehend, dass seine dritte Verantwortungsebene entsprechend seiner Vorstellungen die Arbeitserledigung der Mitarbeiter vor Ort organisiert.

Fazit:

Die Geschäftsstellenleiter befanden sich weiterhin zwischen den Stühlen sich widersprechender Anweisungen, die sie direkt von der ersten und zweiten Verantwortungsebene erhielten.

3.:

Der Vorstand hatte kein Vertrauen zu den externen Beratern, dass diese positive – wenn auch punktuell manchmal schmerzhafte – Veränderungsprozesse in der Sparkasse initiieren würden.

Fazit:

Die externen Berater gingen und die Struktur des Blumengärtlein blieb bestehen – es wurde aber mal die Holzbank neu angestrichen.

Macht und Gewalt im Führungsalltag

von Dr. Engelbert Götz

Macht bedarf keiner Rechtfertigung, da sie allen menschlichen Gemeinschaften immer schon inhärent ist. Hingegen bedarf sie der Legitimität, die in der Regel aus dem Ursprung der Gruppe stammt, so Hannah Arendt in ihrem Buch ‚Macht und Gewalt'. Sie führt weiter aus: Macht beschreibt die Fähigkeit, mit anderen etwas zu erreichen. Machtträger ist somit die Gruppe, zerfällt die Gruppe, zerfällt die Macht.

Diese Aussage kann man auch auf den Kontext von Unternehmen beziehen. Eine Dienstleistung oder eine Warenproduktion kann nur durch die Gesamtheit des Unternehmens, aus der arbeitsteiligen Organisation heraus entstehen. Der Einzelne ist im Rahmen dieses Prozesses lediglich ein Teil der Gruppe – somit ein Teil der Macht.

Die Vertriebsmacht des Mitarbeiters ...

Auf den Vertrieb bezogen, bleibt diese Tatsache ebenfalls gültig, konzentriert sich allerdings auf den Vorort Handelnden. Ob ein Produkt oder eine Dienstleistung beim Kunden ankommt, entscheidet letztendlich der Mitarbeiter, der mit dem Kunden spricht. Er ist der Handelnde und bildet in diesem Prozess den Kulminationspunkt der Macht. Eine Führungskraft hat in Bezug auf den Kulminationspunkt des Prozesses nur die Gewalt, aber nicht die Macht. Führungskräfte können im Rahmen dieses Prozesses Sanktionen verhängen und sogar Entlassungen aussprechen - d.h. Gewalt gegenüber diesem Mitarbeiter ausüben - aber die Macht des Tuns behält immer der Mitarbeiter, der in dem direkten Kundenkontakt steht.

Wenn dieser Mitarbeiter als Teil der Gruppe die Macht verliehen bekommt, die Dienstleistung oder das Produkt des Unternehmens anzubieten, trifft er letztendlich die letzte Entscheidung, weil er die Macht besitzt.

... und die Autorität der Führungskraft ...

Das, was die Führungskraft in diesem Bild benötigt, ist Autorität und Respekt seitens der Mitarbeiter, d.h. die Anerkennung und die Loyalität gegenüber der Funktion und den Kompetenzen der Führungskraft innerhalb der Gruppe. In diesem Zusammenhang kann die Stärke der Persönlichkeit hilfreich sein. Als starke Persönlichkeit gelten die Menschen, die durch ihre Ausstrahlung andere überzeugen. Gegenüber der Gruppe sind aber selbst diese Führungskräfte machtlos, wenn sie den Respekt der Mitarbeiter und damit ihre Autorität verlieren.

Der Respekt geht dann verloren, wenn Mitarbeiter ihre Führungskraft verachten – im Allgemeinen als Folge von Lügen, Ungerechtigkeiten, Egomanie und Narzissmus der Führungskraft. Noch dramatischer ist das Verlachen, weil es selten registriert wird – was durch Not-Lügen, nicht vollständiges Informieren oder inkonsequentes Verhalten leicht ausgelöst wird. Entscheidend ist dabei immer die Sicht der Mitarbeiter – ist die nicht bekannt, wird Glück zum entscheidenden Führungsfaktor.

... sind die nachhaltigen Erfolgsfaktoren im Vertrieb.

Der Respekt, den Mitarbeiter ihrer Führungskraft entgegenbringen, ist die Basis eines guten Führungskräfte-Mitarbeiter-Verhältnisses. Vergleicht man dieses Verhältnis mit dem Bild eines Schiffes, so stellt der Respekt den Rumpf dar. Hat dieser ein Leck, so sind der Zweck, die Aufgabe und die Beziehung zwischen den Führungskräften und Mitarbeitern im Unternehmen nicht mehr gewährleistet – das Schiff geht unter.

Führungskräften muss klar sein, dass sie zwar Gewalt gegenüber jedem Mitarbeiter ausüben können, dass aber die Entscheidung, ob eine Dienstleistung oder ein Produkt beim Kunden platziert wird, immer bei den Mitarbeitern liegt. Die Führungskräfte sind genau an dieser entscheidenden Stelle machtlos. Damit sie als Autorität führen können, brauchen sie den Respekt der Mitarbeiter. Machtlosigkeit kann kurzfristig durch Anwendung von Gewalt ersetzt werden, die resultierende Angst wirkt aber nicht nachhaltig.

Nachhaltig verliert nur die Führungskraft – entweder den fähigen Mitarbeiter oder ihre eigene Position in der Gruppe. Nachhaltigkeit einer erfolgreichen Führung bedeutet letztendlich immer

- Bewahrung des Respekts der Menschen im Unternehmen untereinander,
- Sicherung des Wohlfühlens am Arbeitsplatz im Unternehmen,
- Aufrechterhaltung der Loyalität gegenüber dem Unternehmen.

Unter dem Teppich tobt das Leben

von Dr. Wilfried Grenz

Schieflagen werden als normal empfunden

Es gibt die kuriose Situation, dass Schieflagen in Unternehmen integriert sind und nicht mehr als solche wahrgenommen werden. Die Eckwerte im täglichen Miteinander stimmen und so fällt die Schieflage dazwischen nicht weiter auf. Das Alltagsgeschäft wird von den Mitarbeitern in gewohnter Weise durchgeführt und führt auch zu Erfolgen.

In dem folgenden Artikel stimmen ebenfalls die Eckwerte - der Anfangs- und der Endbuchstabe - und so wird ein erstaunliches Ergebnis erzielt, obwohl zwischen den Eckwerten das reinste Chaos herrscht.

Die Bcuhstbaenreheniflgoe in eneim Wrot ist eagl

Ncah enier nueen Sutide, die uetnr aerdnem von der Cmabirdge Uinertvisy dührruchgeft wrdoen sien slol, ist es eagl, in wlehcer Rehenifloge Bcuhstbaen in eneim Wort sethen, Huaptschae, der esrte und ltzete Bcuhstbae snid an der rhcitgien Setlle.

Die rsetclhien Bshcuteban kenönn ttoal druchenianedr sien, und man knan es tortzedm onhe Poreblme lseen, wiel das mneschilhce Gherin nhcit jdeen Bcuhstbaen enizlen leist, snodren das Wrot als Gnazes.

Mit dme Pähonemn bchesfätgein scih mherere Hhcochsluen, acuh die aerichmkianse Uivnäseritt in Ptstbigurh. Esrtmlas üebr das Tmeha gchseibren hat aebr breteis 1976 - und nun in der rgchitien Bruecihhsetnafoelngbe - Graham Rawlinson in sieenr Dsiestraiton mit dem Tetil „The Significance of Letter Position in Word Recognition" an der egnlsiecehn Uitneivrsy of Ntitongahm.

Das verdeutlicht das Problem: Wie bei diesem Artikel bewirkt das Gehirn im Arbeitsalltag des Unternehmens eine Anpassung an die Schieflage. Die gesamte Situation wird für normal gehalten, weil die Schieflage nicht mehr wahrgenommen wird und letztendlich auch Arbeitserfolge zu verzeichnen sind.

Der Impuls, diese Schieflagen zu entdecken, geht von der ersten Verantwortungsebene aus. Der Ursprung einer Veränderungsbewegung im Unternehmen, bei denen die zurzeit herrschenden Bedingungen in Bewegung gebracht und nachhaltig optimiert werden, liegt allein in ihren Händen – ob sich das Unternehmen auf den Weg macht oder nicht.

Das Gehen als Struktur

Das Gehen verdeutlicht die Struktur eines jeden Entwicklungsprozesses. Jede Gehbewegung verläuft als ein rhythmisch ständig aufgefangener Fall. Ohne das Wagnis des Fallens ergibt sich keine Dynamik. Entwicklungsprozesse gehen so vonstatten als ein Pendeln zwischen Sicherung und Entsicherung. Die Sicherung bedeutet das sichere Stehen zur Planung des nächsten Schrittes. Die Entsicherung, jeder Rollout, beinhaltet das Risiko des Fallens. Bei jedem Schritt ist nicht von vorne herein festgelegt, ob er auf sicherem Boden enden wird oder den Auftakt eines Stolperprozesses darstellt.

Eine Veränderung des Innen wird nur der gestalten, der den Mut zur Entsicherung entwickelt und das selbst verantwortete Risiko des Fallens eingeht – sowie bereit ist, die Geborgenheit des alltäglichen Ablaufs in der Komfortzone zu verlassen. Ein Hinweis der Altvorderen verweist an dieser Stelle auf die Notwendigkeit, die Unbequemlichkeit einzugehen:

Das Blumengärtchen muss umgegraben werden,
damit fruchtbares Ackerland entsteht.

Innovationen gehen von der Spitze aus

Es verbleibt die Entscheidung über den Beginn bei der ersten Verantwortungsebene. Sie konzeptioniert nicht nur den Ausbau der Marktstellung nach außen, sondern auch nach innen. Informationen von außen können dazu beitragen, die zurzeit im Unternehmen herrschenden Arbeitsstrukturen auf ihre aktuelle Sinnhaftigkeit hin selbstkritisch zu beleuchten und zu überprüfen. Aber die erste Verantwortungsebene entscheidet grundsätzlich, ob der Prozess in den Focus genommen wird.

Damit die Veränderung des Innen nicht einer Zufälligkeit überlassen bleibt, gilt es, ein Drehbuch zu entwickeln. Dieses dient programmatisch zur Prozessteuerung, um die gesetzten individuellen Entwicklungsziele zu erreichen.

Papst Johannes XXIII hat in seinen ‚Zehn Regeln der Gelassenheit' formuliert:

Heute, nur heute werde ich
ein genaues Tagesprogramm aufstellen.
Vielleicht halte ich mich nicht genau daran,
aber ich werde es aufsetzen.
Und ich werde mich vor zwei Übeln hüten:
vor der Hetze und vor der Unentschlossenheit.

Das Drehbuch entscheidet die Entwicklung

Die grundsätzliche Aufgabe bleibt: Schreiben Sie Ihr eigenes Drehbuch! Das bedeutet, dass möglichst mit kompetenten Gesprächspartnern Zielfelder erörtert und individuelle Strategien für die Veränderung des nach Innen konzeptioniert werden.

Welche Anforderungen werden konkret an ein Drehbuch gestellt?

- Es braucht einen guten Inhalt

Informationen von außen, externe Kompetenz, kollegiales Feedback, Austausch im Netzwerk – all das erweitert den Horizont und öffnet den Blick auf eigene Kompetenzgrenzen sowie blinde Flecken. Die Veränderung des Innen darf nicht in der Sackgasse enden: Operationalisierte Hektik ersetzt geistige Funkstille.

- Es muss realistisch sein

‚Als Adler gestartet – als Ente gelandet'. Keine erste Verantwortungsebene kann davon ausgehen, die tatsächlichen Zustände im Unternehmen umfassend zu kennen. Jede realistische Planung braucht Informanden.

- Es braucht eine klare Struktur

Die Veränderung des Innen folgt nicht der Struktur der ‚Selbsterfahrungsgruppe freies Töpfern', sondern den Strukturen von Ursache und Wirkung sowie des Reiz-Reaktion-Schematas.

- Es muss identisch sein

Der Drehbuchverfasser darf kein Ghostwriter sein, sondern muss voll hinter dem Entwicklungsprozess stehen. ‚Wasch mich, aber mach mich nicht nass', das geht nicht.

- Es muss begeistern

Effektive Veränderung des Innen wird zwar von oben initiiert, kann aber nicht per Rollout verordnet und durchgesetzt werden, sondern bezieht jeden Mitarbeiter mit ein. Sonst besteht die Gefahr, dass die Mitarbeiter entscheiden, auch ‚dieses neue Schwein, welches durchs Dorf getrieben wird' einfach auszusitzen.

Ein möglicher nächster Schritt

Ein erster Schritt zur Bearbeitung eines Problems besteht in der Anerkennung seiner Existenz. Wie anfangs ausgeführt, ist es oftmals gar nicht so leicht, die tradierten Schieflagen zu erkennen. Bei der Arbeit des Gesundheitsmanagements werden an dieser Stelle immer wieder hilfreich Selbsterkundungsfragebögen eingesetzt. In diesem Bereich ist so ein Werkzeug nur bedingt einsetzbar. Zum einen sind die in Unternehmen vorherrschenden Strukturen zu individuell und stark divergierend, so dass sie nur schwerlich und wenn, dann nur sehr verkürzt, in ein Raster passen.

Zum anderen gehört es zu den Anforderungen gerade der ersten Verantwortungsebene in Unternehmen, sich komplexen Problemstellungen zu öffnen und dort neue Gedanken zu denken. Eventuell nötige interne sowie externe Kompetenz wird auf dieser Ebene nicht von oben zugeordnet, sondern selbstverantwortet bei Bedarf in Anspruch genommen.

Bleibt der Wunsch aus dem chinesischen Zirkus:

Möge die Übung gelingen!

Der Vorstand, der am schlechtesten informierteste Unternehmensteil

von Dr. Engelbert Götz

Fritz B. Simon schreibt in seinem Buch ‚Gemeinsam sind wir blöd': Eine Führungskraft an der Spitze oder in diesem Bild: am Ende der Hierarchie – der letzte Entscheider – sollte sich darüber klar sein, dass er der wahrscheinlich am schlechtesten informierte Mitarbeiter der Organisationslinie ist. Er ist der letzte Empfänger der Flüsterpost.

Die Mitarbeiter in einem Unternehmen neigen dazu, ihre Vorgesetzten gefiltert zu informieren, da sie die Reaktion in vorauseilendem Gehorsam antizipieren und entsprechend agieren. Schon deshalb forderte Konfuzius ‚den Minister zu entlassen, der nicht widerspricht'.

Die menschliche Lähmschicht …

Die zweite Führungsebene unterhalb der obersten Führungsebene hat in der Literatur inzwischen den Namen ‚Lähmschicht' bekommen – möchte man es griffiger ausdrücken, könnte man auch den Namen ‚Lehmschicht' nehmen. Es läuft jede Menge Information in diese Schicht hinein, die Weitergabe erfolgt aber nur selektiv.

Mitarbeiter auf dieser Ebene stehen in den Unternehmen in der Regel in einem starken Wettbewerb. Sie sind häufig die letzte operative Einheit und damit für die Fehler aller operativer Stufen darunter verantwortlich. Die Strategen darüber können keine Fehler machen, da sie ja nicht operativ tätig sind. Wer aber die falsche oder nur unvollständige Information erhält, kann nur zufällig die strategisch richtigen Entscheidungen treffen.

Die in der ‚Lähmschicht' angekommenen Mitarbeiter sind im Allgemeinen hoch leistungsmotiviert und haben auch ein gesundes Maß an persönlichen Machtmotiven. Das heißt, hier treffen erfolgsverwöhnte Kollegen aufeinander, die sich gefühlt tagtäglich um die knappen Positionen im Vorstand bewerben. Schlechte Nachrichten an die direkten Vorgesetzten zu geben - die letzten Entscheider bei einer Bewerbung - ist auf Basis dieser Motivlage nachvollziehbar nicht zu empfehlen. Damit gilt als erste Regel: Bitte keine Fehler, denn die könnten zu schlechten Nachrichten führen. Haben dann alle Beteiligten gelernt, dass Fehler nur dann passieren, wenn auch eine zu vertretende Entscheidung getroffen wird, werden konsequent Entscheidungen vermieden: Keine Entscheidung, keine Fehler, keine Angst!

... ein angstbedingter Konstruktionsfehler ...

Diese persönliche Angstlage zieht sich über die gesamten Hierarchieebenen und findet ihren Höhepunkt auf der letzten Stufe zum Vorstand, hier wirkt der letzte, häufig stärkste Filter mächtig:

Nur so viel Entscheidung wie nötig und so wenig Fehler wie möglich. Das ist auch eine Entscheidung – aber oft die schlechteste. Wie weit dies gehen kann, zeigt die Katastrophe um den Absturz der Columbia, bei der die Empfehlungen auf der Arbeitsebene der Ingenieure klar auf eine Vermeidung des Wiedereintritts der Raumfähre in nicht repariertem Zustand in die Erdatmosphäre hinwiesen. Die Gefahr, dass die Raumfähre verglühen würde, sei schlicht zu groß. Nachdem diese Information aber innerhalb der NASA vielfach managementgerecht aufbereitet wurde, war klar, dass das Risiko einer Katastrophe - wie sie dann eintrat - gering sei.

... mit Entscheidungshemmung und strategischem Fehlergenerator

Da wir Menschen lieber gute Nachrichten bekommen und darauf dann auch eher freundlich reagieren, führt dieses im Umkehrschluss bei den Nachrichtenübermittlern zum beschriebenen deutlichen Fehlverhalten. Naheliegend und ganz im Sinne des Konfuzius wäre es somit, nur noch die Mitarbeiter zu loben, die eher kritische Nachrichten und Informationen liefern, denn nur diese Informationen können zu einer Überprüfung einer Sachlage führen, während positive Meldungen ja zwingend zur Beibehaltung einer Strategie führen, deren Richtigkeit dann niemand mehr in Frage stellen wird.

Das vielleicht bekannteste Beispiel aus der Politik stellt die Pleite an der Schweinebucht dar. Alle Berater von Kennedy dachten in die gleiche Richtung. Einen kritischen Geist gab es nicht, dafür war die Stimmung viel zu positiv – die Informationslage daher nicht vollständig, nur positiv selektiv ausgewählt. Kritik wäre einer Nestbeschmutzung gleichgekommen. In der Nachbetrachtung wurde auch diesen Beratern klar, dass die Aktion ein ungeheurer Fehler war. In der Entscheidungssituation lag aber kein Bedarf nach weiteren Fakten vor, da der Ausgang und die Informationslage klar und eindeutig schienen.

Gerade die oberste Führungsebene sollte es sich nicht einfach machen. Je ruhiger die nächste Ebene, desto kritischer ist wahrscheinlich die Lage im Unternehmen. Die Auswahl von Stellvertreterpositionen sollte daher eher von der Suche nach einem mutigen unruhigen Geist geprägt sein als von der Wahl des sympathischsten, erfolgreichsten Entscheidungsmitträgers der letzten Zeit. Je skeptischer die rechte Hand, desto unbequemer der Entscheidungsprozess, desto ausgereifter aber auch das Ergebnis.

Von grobem Unfug oder gleich verteilter Einzelziele in einem Team

von Dr. Engelbert Götz

Belästigung der Allgemeinheit (§ 118 OWiG, alte Bezeichnung: Grober Unfug) ist nach deutschem Recht eine Handlung, die geeignet ist, den äußeren Bestand der öffentlichen Ordnung unmittelbar zu stören oder zu beeinträchtigen, so dass die Öffentlichkeit belästigt wird.

So die Definition des Begriffs im deutschen Recht. Ist es sinnvoll, davon zu sprechen, wenn Vertriebsteams, die die Aufgabe haben, einen Markt zu bearbeiten oder Projektteams, die ein Projektziel erreichen sollen, so geführt werden, dass jeder Mitarbeiter die gleichen oder zumindest gleiche Mindestziele bekommt?

Die Ausgangslage

In einem Unternehmen sollen Teams einen Markt bearbeiten oder eine Projektaufgabe erfüllen. Um als Team- oder Projektleiter handlungsfähig zu werden, steht die Klärung der Situation und der Möglichkeiten an erster Stelle. Damit sind sowohl die betriebswirtschaftliche Situation als auch die Kompetenzen der Mitarbeiter und die Personalauswahl gemeint. Erst eine umfassende Kenntnis des Status Quo erlaubt die Steuerung. Neben dem aktuellen Personal muss auch die weitere Personalauswahl und -entwicklung beachtet werden. Ein Team steht und fällt mit den beteiligten Menschen.

Die Leistungslage

Eine Gruppe von Mitarbeitern, bei der alle das Gleiche tun sollen, alle das gleiche Ziel vorgegeben bekommen, alle aber unterschiedliche Fähigkeiten haben, ist schlechter als eine Gruppe von Mitarbeitern, die ein gemeinsames Ziel hat, bei der die einzelnen Mitarbeiter mit unterschiedlichen Fähigkeiten dazu passende, zielorientierte Aufgaben erfüllen.

Ein verlagertes Beispiel, dem männliche und inzwischen auch weibliche Führungskräfte in der Regel offen gegenüber reagieren, stellt die Fußballmannschaft dar. Bayern München erreichte mit dem aktuell weltbesten Torhüter viele Titel. Hätte Bayern München die Möglichkeit gehabt, elfmal Manuel Neuer aufzustellen, wären sie wahrscheinlich schnell in der dritten Liga oder tiefer verschwunden, denn Torhüter, Verteidiger, Mittelfeldspieler und Stürmer haben sehr unterschiedliche Stärken. Spitzenleistung ist nur durch ein intelligentes System mit effizientem und passendem Personaleinsatz möglich.

Betrachtet man die Arbeit eines Vertriebsteams in einem Unternehmen, so wird dort häufig die Gleichheit aller unterstellt, obwohl neben den optischen Unterschieden inzwischen auch Begriffe wie soziale Intelligenz und Empathie in der Managementliteratur die Runde machen.

Ein einfaches Beispiel: Ein Team von sieben Mitarbeitern soll im Vertrieb ein Teamziel in einem regionalen Markt erreichen. Es gibt den Teamleiter, der zu einem Teil auch die Aufgabe der Kundenberatung erfüllen soll, drei Servicemitarbeiter, die für den Service am Kunden, die Terminvereinbarung und die Sachbearbeitung verantwortlich sind sowie drei Kundenberater, die die Aufgabe haben, die Kunden nutzenorientiert zu beraten und die passenden Produkte abzusetzen.

Um die Leistungsfähigkeit des Teams bewerten zu können, ist es erforderlich, tiefer einzusteigen. Ein Servicemitarbeiter ist, aufgrund seiner langen Historie im Unternehmen und damit einem hohen Erfahrungswissen, perfekt in der Sachbearbeitung, hat aber aufgrund seiner Persönlichkeit Schwierigkeiten, Kunden auf eine Terminvereinbarung hin anzusprechen. Der zweite Servicemit-arbeiter ist noch jung und kann erfolgreich telefonieren, kennt keine Telefonangst, es macht ihm Spaß. Sachbearbeitung ist für ihn langweilig und eher eine Zumutung. Der dritte Servicemitarbeiter spricht lieber mit den Menschen persönlich, telefonieren ist ihm ein Horror. Sachbearbeitung erfüllt er, weil er es kann.

Das Team der Kundenberater ist ebenfalls sehr uneinheitlich. Das Unternehmen kennt drei Produktgruppen. Während der erste sich gerne mit den Produkten der ersten Kategorie beschäftigt, ist der zweite ein großer Freund der dritten Kategorie und kann diese auch sehr effizient und nutzenorientiert an den richtigen Kunden bringen. Der dritte Mitarbeiter hat keine so richtigen Stärken, er macht alles mit durchschnittlichen Ergebnissen.

Mit diesem Team soll nun der Markt bearbeitet werden und alle Produktgruppen kunden- und ertragsorientiert verkauft werden. Der Leiter hat die Aufgabe, dieses Teamziel zu sichern.

Die Führungslage

Die zentrale Führungsaufgabe des Leiters ist die Übernahme der organisatorischen Arbeit vor Ort. D.h., er ist verantwortlich für den Einstieg in einen kommunikativen Prozess, der ein aktives, selbstständiges Arbeiten des Teams erlaubt. Hat er freie Hand in der Organisation, wird er die Stärken seines Teams nutzen und die Mitarbeiter entsprechend einsetzen.

Diese Vorgehensweise ist sinnvoll und seit nun fast zweihundert Jahren in der Volkswirtschaftslehre bekannt. Es lässt sich sogar berechnen. Der komparative Kostenvorteil, den David Ricardo für den Außenhandel bereits 1817 formuliert und berechnet hat, ist nichts anderes als die Optimierung der Handlungen bei Mitarbeitern in einem Team im Sinne ihrer Stärken, weil sie schlicht zum wirtschaftlich besten Ergebnis führt.

Ricardo hat für zwei Volkswirtschaften nachgewiesen, dass sich Spezialisierung bezahlt macht. Überträgt man sein Gesetz des komparativen Kostenvorteils auf ein Team, so lautet es wie folgt:

Unabhängig davon, ob einer von zwei Mitarbeitern in allen Arbeitsprozessen leistungsfähiger ist als der andere, ist die Zusammenarbeit lohnend, wenn jeder sich auf die Prozesse spezialisiert, bei denen er einen komparativen Vorteil, die größte relative Leistungsfähigkeit, besitzt. Die Arbeitsproduktivität steigt bei beiden an.

Ein nicht optimal durchdachtes System von Arbeitsplatzbeschreibungen oder Rotationsvorschriften nutzt keineswegs. Es senkt die Produktivität, da es Arbeitszeit verteuert und die Produktivität des Teams verringert. Solche universellen Arbeitsplätze schalten die Leistungsfähigkeit aus, die dem optimalen System von Spezialisierungen und Arbeitsteilung innewohnt.

Die Störungslage

Aus der für die Operationalisierung verantwortlichen Ebene kommt nun eine Einzelzielvorgabe, die die optimale Organisation im Team erheblich stört. Eine Arbeit mit den Stärken, die Synergien möglich macht, wird verhindert.

Im Beispiel erfolgt folgende Vorgabe: Aus dem Serviceteam sollen pro Tag zwölf Termine vereinbart werden. Es werden Einzelziele vorgegeben: Jeder Mitarbeiter hat pro Tag vier Termine zu vereinbaren. Das Vertriebsziel für alle Produkte wird auf alle Betreuer zu je einem Drittel verteilt.

Eine Betrachtung der Potentiale macht die Störung deutlich: Mitarbeiter eins könnte sechs bis zehn Termine vereinbaren, Mitarbeiter zwei hat das Potential für null bis zwei Termine pro Tag, Mitarbeiter drei kann es auf vier bis sechs Termine bringen. Das Team der Kundenbetreuer muss gleichmäßig jeweils ein Drittel liefern. Die Potentiale sprechen eine andere Sprache: Mitarbeiter eins könnte im ersten Bereich zwei Drittel des Teamziels erreichen, Mitarbeiter zwei könnte dies in der dritten Gruppe.

Die Ergebnislage

Der Teamleiter hat keinen Handlungsspielraum. Ihm bleibt nichts anderes übrig, als die Mitarbeiter in ihren Schwächen zu unterstützen. Die Stärken muss er vernachlässigen. Das Ergebnis ist leicht prognostizierbar. Das Serviceteam wird es auf nicht mehr als acht bis zehn Termine pro Tag bringen, das Betreuerteam wird das Teamziel zu 80 – 90% erreichen. Die Motivation des Teams ist dementsprechend gedämpft.

Erfolgreiches Arbeiten erfordert das Arbeiten mit den Stärken der Mitarbeiter. Der Richtige für die richtige Aufgabe ist die Devise. Eine ständige Arbeit mit und an den Schwächen führt zur Frustration und Demotivation. Schlechte Leistungen des Mitarbeiters und des Teams sind die Folge.

In dem oben beschriebenen Team können die Potentiale nicht genutzt werden. Es werden Ressourcen verschwendet. Der Gewinn des Unternehmens und der Nutzen der Kunden könnten bei gleicher Besetzung erheblich höher liegen. Die Steuerzahlungen des Unternehmens werden damit geringer ausfallen und belästigen somit die Öffentlichkeit. Der Tatbestand des groben Unfugs ist somit erfüllt.

Ein Fazit

Bereits 500 Jahre vor Christus schrieb der chinesische General Sunzi das Buch ‚Die Kunst des Krieges'. In diesem Buch finden wir die Zeilen:

Der fähige Anführer setzt den weisen Mann, den tapferen Mann, den habgierigen Mann und den dummen Mann ein. Denn der weise Mann freut sich daran, Verdienste zu erwerben, der tapfere Mann will seinen Mut im Kampf beweisen, der habgierige Mann sucht seinen Vorteil, und der dumme Mann hat keine Furcht vor dem Tod.

Der kluge Kämpfer zieht individuelle Talente in Rechnung und benutzt jeden Mann seinen Fähigkeiten entsprechend. Er verlangt vom Unfähigen keine Perfektion.

Warum es trotzdem immer wieder zu dem groben Unfug der gleichverteilten Einzelziele in Teams kommt, ist nicht nachvollziehbar. Selbst der einfache Dreisatz bei der Betrachtung der Potentiale der Mitarbeiter macht das Dilemma deutlich.

Viele, viele bunte SMARTIES ...

von Dr. Wilfried Grenz

Was hat dieser Satz - der seitens der Werbung eher an die Kinderzimmer gerichtet ist - mit unserem Alltag in den Unternehmen zu tun?

Im Bereich der Zieldefinitionen kommt immer wieder die altbekannte SMART Regel um die Ecke. Damit Ziele effektiv werden, sollten sie eben jenen Kriterien entsprechen. Erinnern Sie sich?

S = Spezifisch: Die Ziele müssen konkret und gleichzeitig einfach gestaltet sein.

M = Messbar: Es muss klar definiert sein, wann und ob die Ziele erreicht wurden.

A = Attraktiv: Die Ziele müssen ein Interesse auslösen, sie auch zu erreichen.

R = Realistisch: Die Zielerreichung muss im Bereich des Möglichen liegen.

T = Terminiert: Es muss eine Zeitplanung und einen Endtermin zur Kontrolle geben.

In seinem Buch über Führungsintelligenz hat Dr. Engelbert Götz ein wichtiges Kriterium hinzugefügt, so dass aus SMART nun SMARTI wurde. Er weist damit darauf hin, dass der Geführte bei der Zielsetzung stärker mit beachtet werden muss. Damit Ziele auch handlungsleitend in den Arbeitsalltag umgesetzt werden, braucht es seiner Auffassung nach das ‚I'. Dieses ‚I' steht für ‚Individuell beeinflussbar'. An dieser Stelle betont er den Machtbereich des Mitarbeiters. Wenn seitens der Unternehmensführung Ziele gesetzt werden, bei denen der einzelne Mitarbeiter seiner eigenen Einschätzung nach keinerlei Einfluss auf das Ergebnis hat, wird sich der Mitarbeiter nicht aktiv und nachhaltig für die Zielerreichung engagieren.

Wenn dagegen die Ziele so gestaltet sind, dass der Mitarbeiter einen unmittelbaren Einfluss auf die Zielerreichung hat, wird er die Zielerreichung in seinen individuellen Handlungsplan aufnehmen und somit auch den Erwartungen der Unternehmensführung entsprechen.

Der Weg von SMARTI zu SMARTIES ist nun nicht mehr weit. Es bedarf lediglich einer Ergänzung durch die beiden Buchstaben E und S. Die Assoziation zum Einsatz der beiden Buchstaben ES bei Sigmund Freud überrascht an dieser Stelle nicht.

Der Begriff ES bezeichnet bei Freud jene unbewusste Struktur, deren Inhalt der psychische Ausdruck der Triebe, die Bedürfnisbefriedigung und das Affekthandeln sind. Handlungsleitend wirkt aus dem ES das Lustprinzip, welches die Umsetzung eben jener Inhalte als Ziele vor Augen hat. Diese Energie aus dem ES prägt und strukturiert das Alltagshandeln dabei unbewusst.

Sie wirkt, ohne dass der Einzelne den Einfluss dieser Kraft stets direkt vor Augen hat. Die Art und Weise, wie diese Bedürfnisbefriedigung immer wieder erlebt wird - also der Umfang und die Qualität der Lust- sowie der Unlusterfahrungen - formen nach Freud die Richtung des Engagements und die Ausprägungen der situativen Emotionen eines Menschen.

Die Beachtung der handlungsleitenden Kräfte bei dem Mitarbeiter aus dem ES kann somit nicht einfach in die Psychoecke verfrachtet werden, sondern muss auch im Unternehmensalltag Raum finden.

Wo liegt nun die Relevanz dieses Bereiches ES für unseren Unternehmensalltag im Bereich der Zielsetzungen?

Damit die von der Unternehmensführung gesetzten Ziele von den Mitarbeitern auch als SMARTIES - als erstrebenswertes Leckerli - eingestuft werden, dürfen sie nicht aus schwammigen Visionen oder unrealistischen Forderungen bestehen. Stattdessen müssen sie den Raum eröffnen für Kampf und Sieg, Erobern und Zurückweisen, Weinen und Feiern. Jede Zielsetzung muss diese Parameter als Wirkfaktoren mit vor Augen haben.

Ein Beispiel: Ein Unternehmen mit Niederlassungen in Hamburg und Schleswig-Holstein setzte das Ziel einer jährlichen 10% Umsatzsteigerung. Der Vertriebsleiter in Hamburg erhielt eine externe Unterstützung und steigerte den Umsatz im Geschäftsjahr über die 10% Marke hinaus. Es bedurfte bei dem Vertriebsleiter in Schleswig-Holstein keiner externen Unterstützung. Intrinsisch motiviert durch sein ES nahm er von allein den Kampf auf und steigerte nun seinerseits den Umsatz – obwohl seine Vernunft ihm sagte, dass er als Vertriebsleiter bei der Unternehmensführung und den Mitarbeitern akzeptiert ist und fest im Jobsattel sitzt.

Wenn der Lustwille - das ES - über den Vernunftwillen - das Über-Ich - die Herrschaft gewinnt, setzt der einzelne Mitarbeiter bei sich große Kräfte frei. Allerdings verhält es sich bei der Beachtung des Faktors ES seitens der Unternehmensführung wie bei den erotischen Gravitationen im Arbeitsalltag: Sie sind da, sie zeigen Wirkung, sie müssen beachtet werden – können aber nicht dem grellen Scheinwerferlicht der Agenda von Besprechungen ausgesetzt werden.

Wirklich weise ist der, der auch um die verborgenen Wirkfaktoren Bescheid weiß und sie in seine Entscheidungen und sein Handeln mit einbezieht.

Gestalten wir dementsprechend als Führungskräfte
das tägliche Arbeitsgeschehen im Unternehmen
lustvoll und erfolgreich --
indem wir viele, viele bunte SMARTIES verteilen...

Der Wald als strategisches Führungsinstrument

von Dr. Engelbert Götz

Die Positivität des Könnens ist viel effizienter als die Negativität des Sollens. formuliert Byung-Chul. Und weiter: Die Gesellschaft des 21. Jahrhundert ist nicht mehr die Disziplinargesellschaft, sondern eine Leistungsgesellschaft.

Wie sieht die Situation in unseren Unternehmen aus? An welchen Stellen sind diese Formulierungen in deutschen Firmen überhaupt sichtbar und welche Konsequenz hat dies für den Unternehmensalltag? Es klingt so positiv – aber ist es auch wirklich positiv?

Der Alltag zeigt ...

In vielen erfolgreichen Unternehmen werden die Dauerschlaglöcher im Führungsbereich nicht durch mangelnden Leistungswillen der Führungskräfte oder fehlende Fachkompetenz verursacht. Die Quellen der Störungen finden sich einerseits in einer massiven Selbstausbeutung der Führungskräfte und andererseits in einer starken Führungs- und Arbeitsbelastung.

Wenn erfolgreiche Führungskräfte es gut gelaunt als positive Entwicklung formulieren: ‚Ich habe es diese Woche geschafft, zweimal mit meinen Kindern zu Abend zu essen‛ - wobei in diesem Unternehmen die ersten Meetings bereits um 8:00 Uhr angesetzt sind - kann dieses als ein Beleg dafür angesehen werden.

... Motivation und ...

Aber genau diese geschilderte Situation zeigt die Gefahren. Byung-Chul beschreibt diese wie folgt: ‚Der Exzess der Arbeit und Leistung verschärft sich zu einer Selbstausbeutung. Diese ist effizienter als die Fremdausbeutung, denn sie geht mit dem Gefühl der Freiheit einher.' Führungskräfte gehen mit diesem selbstbestimmten Gefühl der Gestaltungsmöglichkeit ihrer Arbeitserledigung beim täglichen Handeln ständig bis an den Rand und teilweise aus lauter Freude auch über ihre Leistungsfähigkeit hinaus. Sie tun dieses zu Lasten ihrer zukünftigen Leistungsfähigkeit und häufig auch zu Lasten der Qualität ihrer aktuellen Arbeit.

Der Weg dorthin führt über die von Mihaly Csikszentmihalyi beschriebene Motivationslage ‚Flow'. Das Flow-Modell beschreibt den Zusammenhang zwischen der zu lösenden Aufgabe und der eigenen Kompetenz eines Menschen. Bewegt sich ein Mensch in einem Kanal, in dem sich Kompetenz und zu lösende Aufgabe in etwa entsprechen, vergisst er die Zeit und empfindet Freude bei der Arbeit, er befindet sich im Flow. Sowohl eine Kompetenzüberforderung als auch eine -unterforderung führen zu Stress durch entweder mangelhafte Kompetenz oder Langeweile. Bei einer dauerhaften Arbeitsüberlastung im Flow besteht die Gefahr eines Leistungskollapses, den die Führungskräfte aufgrund des hohen Spaßfaktors selbst nicht bemerken.

... erfolgreiche Leistung ...

Die dauerhafte Arbeitsbelastung wird oft durch den zweiten Aspekt, die organisatorischen Umbauten, verursacht. An dieser Stelle ist besonders die Geschäftsführung gefordert. Eine Kostenorientierung des Managements mündet durch den Wegfall einzelner Führungsebenen in teilweise zweistellige Führungsspannen. Um den Erfolg auch strategisch langfristig zu sichern, ist die Geschäftsführung gefordert, die Führungsspannen wieder effizient und effektiv zu gestalten.

Große Führungsspannen verursachen beispielsweise einen erheblichen Kommunikationsaufwand. Jeder zusätzliche Mitarbeiter wirkt nicht nur additiv, sondern vervielfacht das Informationsaufkommen eines Teams und verlangsamt so die Fahrt des Unternehmens. Die Steuerung und die Fehlerkorrekturen können nur noch verzögert stattfinden. Freiräume für Kreativität gibt es nicht mehr.

... sind eine Konservierungsaufgabe.

Diese Fehlentwicklungen im Organigramm müssen korrigiert werden. Gerade vor dem Hintergrund abnehmender Geburtenraten und großem Führungskräftemangel sollte die hohe Qualität konserviert und die Führungskräfte nicht ausgebeutet werden.

Zurück zum ersten Gedanken, der Selbstausbeutung: Ein interessantes Führungsinstrument bleibt bei der beschriebenen Situation im Bereich oberer Führungsebenen auf der Strecke: Der Waldspaziergang! Die Führungsebenen, welchen strategische und operative Entscheidungen obliegen, benötigen einen Freiraum für reflexive und konstruktive Denkphasen.

Ein Waldspaziergang erlaubt das Verlassen eingefahrener Wege. Erst durch den Einsatz des freien Denkens werden strategische Gedankenspiele, das Durchdenken innovativer Ideen und die Prüfung laufender Prozesse möglich. Der Einsatz des Waldspaziergangs eröffnet Sichtweisen, ein Unternehmen dadurch schneller zu machen, dass beispielsweise neue Kommunikationswege strukturiert werden und dadurch auch der Bereich der Fehleranalyse optimiert wird.

Zusammenfassend bleibt festzuhalten:

Die Schaffung überschaubarer Führungsspannen führt zu einer einfacheren und schnelleren Steuerung der Abteilungen. Die Führungsarbeit wird schlicht einfacher und erfordert weniger Selbstausbeutung.

Der Wald eröffnet Raum und Zeit, um einerseits die hohe Leistungsfähigkeit und die Leistungsbereitschaft der Führungskräfte nachhaltig zu erhalten.

Führungskräfte können im Flow dauerhaft hohe Leistungsgrade erreichen, da sie Zeit zum freien Denken haben. Andererseits begrenzt der Waldspaziergang die Freiheit der Leistungsgesellschaft im Sinne des Unternehmens sinnvoll. Diese kreativen Erholungsphasen erhalten das hohe Leistungspotenzial im Unternehmen.

Der Weg zum gemeinsamen Denken

von Dr. Engelbert Götz

Der Dialog ermöglicht - wie es treffend bei Friedrich Schlegel heißt - die Darstellungen des gemeinschaftlichen Selbstdenkens. Besser kann man die gewünschte Gesprächsstrategie von Führungskräften nicht beschreiben. Der erlebte Alltag in deutschen Unternehmen sieht aber häufig anders aus.

Führungskräfte, die bei ihren Mitarbeitern eine Veränderung erreichen wollen, verfallen immer wieder in die Vortragsrede. Den Mitarbeitern wird erklärt, dass ihre Zielerreichung nicht ausreiche, wie viele Prozente bis zum gewünschten Umsatzziel noch fehlten und dass es so nicht weitergehen könne! Die Stimmung in und nach solchen Gesprächen ist in der Regel schlecht. Spaß ist der genaue Gegenpol dazu – und kommt interessanterweise auch bei der agierenden Führungskraft nicht auf.

Stimmungsabstieg, ...

Einen grundsätzlichen Fehler stellt der Vortragsstil dar. Das führt zu mehreren negativen Konsequenzen. Zunächst ist das Ergebnis eine schlechte Stimmung. Handelt es sich um eine Vertriebsführungskraft, ist damit schon die Basis für schlechte Ergebnisse des Vertriebsteams gelegt, denn erfolgreicher Vertrieb hat bekannterweise als Basis den Spaß am Tun.

... Zeitverschwendung ...

Dann stellt sich auch die inhaltliche Frage: Warum muss dem Mitarbeiter der aktuelle Sachstand erklärt werden? Weiß er tatsächlich nicht, wie sein Ist-Zustand im Rahmen der Zielerreichung aussieht? Weiß ein Mitarbeiter nicht genau, in welchen Bereichen in der augenblicklichen Situation Rückstände zu verzeichnen sind? Mir ist kein Unternehmen bekannt, in dem Mitarbeiter im Vertrieb nicht ihre Zahlen kennen. Das Ergebnis dieses häufig umfassenden Gesprächsteils ist somit eine reine Zeitverschwendung. Der Mitarbeiter sollte stattdessen lieber mit Kunden sprechen.

... und Denkvermeidung ...

Der Vortragsstil hat aber eine noch viel negativere Konsequenz. Selbst wenn die Führungskraft auch über eine Veränderung im Verhalten spricht - die ja zu einer Veränderung der Zahlen in der Regel nötig ist - verhindert der Vortragsstil das Selbstdenken des Mitarbeiters. Die Führungskraft macht sich Gedanken und versucht den Mitarbeiter zu überreden. Eine eigene Erkenntnis des Mitarbeiters wird nicht verlangt, wird nicht gefordert und erst recht nicht gefördert. Der Mitarbeiter kann in seiner Komfortzone verweilen.

… verhindert den Dialog …

Die Lösung liegt letztendlich im Dialog. Der Dialog nutzt nicht nur das gesamte Wissen, das der Mitarbeiter bezüglich seines Arbeitsalltags und insbesondere seiner Kunden hat, sondern bezieht ihn aktiv in die Denkprozesse mit ein. Ein einfaches Mittel hierzu ist die offene Frage. Stellt die Führungskraft Fragen an den Mitarbeiter, führt dieses dazu, dass der Mitarbeiter eine Antwort formuliert und dieses kann er nur, wenn er sein Gehirn auch zum Denken nutzt.

Inhaltlich stellen sich Fragen nach dem Ziel der Führungskraft. Ist eine Verbesserung des Zielstandes des Mitarbeiters das Ziel, sollten die Fragen in Richtung auf eine zukünftige Veränderung des Verhaltens des Mitarbeiters gehen. Hervorzuheben ist der zeitliche Bezug: Zukünftig! Damit fällt ein offenes Fragewort im Dialog weg: Warum. Das Warum hat ausschließlich einen Vergangenheitsbezug und führt zu einer Rechtfertigung des Mitarbeiters. Und dieses sollte nicht das Ziel des Gesprächs sein und ist damit überflüssig.

... als Gehirnaktivierer.

Der Dialog ist somit die einzig geeignete Gesprächsform für ein Führungskräfte-Mitarbeiter-Gespräch. Das gemeinsame Denken mit dem Mitarbeiter erlaubt es der Führungskraft, den Mitarbeiter bei der Lösung seiner Aufgaben zu unterstützen und nicht, sie ihm einäugig abzunehmen, denn die Kunden des Mitarbeiters kennt er tatsächlich nicht so gut wie sein Mitarbeiter.

Die Nutzung von Fragen führt weiterhin zwingend dazu, dass der Gesprächsanteil der Führungskraft geringer wird und dass der Mitarbeiter seine eigenen Ideen zur Lösung der Schwierigkeiten ausspricht und damit selbst denkt.

Der Dialog als Instrument zum gemeinsamen Denken ist ein effektiver Weg zu den Ideen der Mitarbeiter. Die Impulse der Mitarbeiter entlasten die Führungskraft im Problemlösungsprozess und Veränderungsmanagement.

Soll ein Mitarbeiter dann ein verändertes Verhalten umsetzen, wird dieser Prozess mit Freude angetreten, denn es gründet sich das Veränderungsmanagement auf der Basis der Einbeziehung seiner eigenen Ideen. Der Mitarbeiter vermutet Erfolgsaussichten und damit steigt seine Selbstmotivation, welche viel wirksamer ist als eine Fremdmotivation durch die Führungskraft.

Das Einzige, was ein Dialog braucht, ist Zeit, aber davon wird durch die üblichen Vortragsgespräche genug verschwendet. Per Saldo auch hier ein Gewinn durch sinnvollere Gesprächsinhalte.

Von Adlern, Enten und Rettungsringen

von den Dres. Götz und Grenz

Prolog

Jeder Tag ist der erste Tag vom Rest des Lebens. Den gilt es zu gestalten, denn schließlich gilt: Morgen ist heute schon Gestern. Alles ist im Fluss und gut bekannt ist der Satz: Das Leben vergeht wie im Fluge. Aber es gibt Einschnitte - quasi Landungen - Zwischenstopps auf dem Flug durch das Leben. Variante eins dabei ist: Der Adler landet als Adler, startet erneut und fliegt weiter auf seinem Erfolgsflug. Variante zwei: Der Adler landet als Ente und wird als solche gebraten. Dann stellt sich die Frage, welchen Rettungsring es gibt, damit der Adler nur eine temporäre Ente war und wieder als Adler zum Weiterflug aufbrechen kann. Dieser Aufsatz handelt von zwei Adlern, die als Enten landeten und dabei Rettungsringe zugeworfen bekamen.

Der erste Adler startet ...

Endlich ist der wichtige und ersehnte Karrieresprung geschafft. Ohne Rücksicht auf Familie, Arbeitszeiten oder Freizeitentspannung hat sich der Adler durchgesetzt. Der ersehnte Dienstwagen steht vor der Tür, morgens wartet der Assistent auf Arbeitsaufträge und die Mitarbeiter schauen zu ihm auf und erwarten Führung. Den Adler überkommt ein gutes Gefühl, wenn er merkt, dass sie ihm ehrfurchtsvoll gegenübertreten - sich seiner Macht und Stellung voll bewusst. Letztendlich ist auch sein monatlicher Scheck in eine Höhe geklettert, von der seine Eltern nur zu träumen gewagt haben.

Der zweite Adler startet ...

Endlich ist der Adler sein eigener Chef. Sein Name steht oben auf dem Briefpapier und auf seiner Visitenkarte prangt der wichtige Begriff: Inhaber. Mit voller Macht ausgestattet, kann er nun unliebsame Mitarbeiter entlassen und die vorhandenen Mitarbeiter nach individuellen Zielvorstellungen führen. Der erzielte Umsatz fließt nicht mehr in die Taschen von Chefs oder Gesellschaftern, sondern füllt sein eigenes Konto. Der Adler kann das Geld jetzt so einsetzen, wie er es für sinnvoll erachtet – auch zur Freude seiner Familie und zum Neid seiner Freunde und Konkurrenten.

Der erste Adler landet als Ente ...

Plötzlich schlägt das Peter Prinzip zu: In Hierarchien wird jeder solange befördert, bis er die Stufe der Inkompetenz erreicht hat. Der Adler muss feststellen, dass er als Führungskraftente im Arbeitsalltag gelandet ist. Seine Führungsprobleme führen bei den Mitarbeitern zur inneren Emigration, seine Anordnungen werden nicht mehr eins zu eins umgesetzt und auch seine Vorgesetzten treten ihm zunehmend kritisch gegenüber. Die Adlerente kommt nicht um hin zu konstatieren, dass er einen erheblichen Gesichtsverlust erlitten hat. Daneben führen seine Selbstzweifel dazu, dass der Regelkreis des Misserfolges sich zu drehen beginnt. Selbstzweifel führen zur Unsicherheit, Unsicherheit führt zu Verkrampfungen, Verkrampfungen führen zu Fehlentscheidungen, Fehlentscheidungen führen zu negativem Feedback, das negative Feedback steigert seine Selbstzweifel.

Der zweite Adler landet als Ente ...

So genau weiß der Adler nicht, wann sich das Rad gedreht hat. Aber es ist nicht zu übersehen – er ist in den Augen seiner Umwelt nur noch ein Ente, über die gelächelt wird. Das Feuer zum Braten ist bereits angefacht. Der alte Grundsatz ist in seinem Arbeitsalltag wirksam geworden: Die Kosten kommen garantiert – die Umsätze vielleicht. Dabei ist er doch nicht faul gewesen, hat als Selbstständiger selbst und ständig gearbeitet. Ohne Rücksicht auf Familie und Freizeit hat er alle auftauchenden Möglichkeiten zum Networking genutzt. Daraus ergaben sich auch viele Termine, aber leider nur wenig gehaltvolle Aufträge. Der Weg zu den Oasen, wo Kunden Geld in seine Kasse spülen, endete immer wieder in der Wüste.

Der Rettungsring für die erste Adlerente ....

Eine Weisheit der Altvorderen: Der erste Schritt zur Lösung eines Problems ist die Anerkenntnis desselbigen. Aber was ist das Problem? Die Bewegung im Teufelskreis des Misserfolges ist ohne Unterstützung von außen allein durch die Adlerente nicht zu stoppen. Da seine Mitarbeiter und seine Vorgesetzen auf Distanz gegangen sind, muss er mit Hilfe eines kompetenten HR Analysten seinen situativen Zustand der einzelnen Wirkfaktoren der Leistungsformel klären. Leistung ist grundlegend ein Produkt aus der eigenen Bereitschaft, den individuellen Fähigkeiten und den vorhandenen Möglichkeiten am Arbeitsplatz. Diese Analyse der Wirkfaktoren führt zur Klärung der bestehenden Problemfelder und zur Strukturierung eines erfolgreichen Change Managements. Einzelne Schritte der Veränderung werden konzipiert, ihre Umsetzung terminiert und ihr Erfolg evaluiert. Daneben hilft die Reflexion der abgelaufenen Prozesse, negativen Tendenzen entgegenzutreten und positive Entwicklungen zu verstärken. Die Ente kann wieder als Adler seinen Arbeitsalltag erleben.

Der Rettungsring für die zweite Adlerente ....

Das Möbelstück jeder Insolvenz ist die lange Bank. Dieser alte Leitsatz zeigt den Ort, an dem der Rettungsring für die Adlerente hängt. Eben über der langen Bank des Alltagsgeschehens. Oft genug merkt ein Unternehmer, dass die Einnahmen – Ausgabenstruktur seines Unternehmens in eine gefährliche Schieflage geraten ist. Anstatt durch Kostenreduktion, Mitarbeiterentlassung oder Streichung von Privatentnahmen die Ausgabensituation der Einnahmenrealität anzupassen, träumt er weiter von dem großen Auftrag, der den Karren aus dem Dreck ziehen wird. Wichtig ist aber in der Situation, den Kopf aus dem Sand zu nehmen. Es gilt in einer Selbstkonzeptarbeit zu klären, wo sein USP liegt, mit dem er am Markt punkten kann und Aufträge die Einnahmeseite nach oben bringen. Dieser Schritt zur Seite aus dem Alltagsgeschäft heraus, gelingt in der Regel nur mit der Hilfe von kompetenten Freunden oder Beratern, die ihn emotionslos von seiner gemütlichen langen Bank der gewohnten eingetretenen Pfade schubsen. Die Ente findet in neue Wege hinein, um letztendlich wieder als Adler abzuheben.

Epilog

Begeben wir uns für den finalen Gedanken aus der Luft in das Wasser. Hier gilt: Tote Fische werden von der Strömung getrieben. Aber lebendige Fische, die sich dem Alltagskampf stellen, folgen ihrem eigenen Plan und finden Wege zu ihren selbstgesteckten Zielen. So wie Lachse, die auch gegen jede Strömung ihren Weg zu den Laichplätzen meistern. Sie sind voller Hormone und kraftvoll. Ohne Rücksicht auf die Unannehmlichkeiten setzen sie ihr Vorhaben durch. Die Lachse starten als Adler, agieren als Adler und landen als Adler.

Auch wenn sie sich nicht dessen bewusst sind, dass man aus toten Fischen Fischstäbchen macht. Die bieten allerdings Händlern den Vorteil, sie als Tiefkühlware zu stapeln, zu vermarkten und so eigene Gewinne einzustreichen. Adlerlachse stellen sich dem entgegen. Sie sind bei aller Geschmeidigkeit zwar ebenfalls eckig, aber doch irgendwie ganz anders. Die Lachse setzen eigene Ziele um und folgen so dem Leitsatz von Friedrich Hebbel:

Ich bin lieber ein eckiges Etwas,
als ein rundes Nichts.

Nachwort

'Blinde Flecken haben die herausragende Eigenschaft, dass man sie nicht sieht. Es ist eine beeindruckende Erfahrung, wenn die beiden Vollblutprofis Dr. Götz und Dr. Grenz diese Flecke mit einem 1000 Watt-Scheinwerfer ausleuchten. Die gewonnen Erkenntnisse haben mich einen deutlichen Schritt voran gebracht' – Kommentar eines freiberuflichen Vermögensberaters

Seit Jahren stellen wir auf der Internetseite von ggweite Aufsätze zur Verfügung, die als Scheinwerfer genutzt werden können, um bestimmte Bereiche im individuellen Arbeitsalltag zu beleuchten. In diesem Buch haben wir einige davon zusammengestellt und hoffen, dass sie bei dem einen oder anderen Leser hilfreiche Impulse für die Gestaltung des täglichen Führungshandelns beinhalten.

Hier am Ende sei noch mal der Hinweis aus dem Vorwort angeführt: Diese Aufsätze sollen keine Ratschläge austeilen, sondern Impulse zur Verfügung stellen, die jeder einzelne Leser eigenverantwortlich bedenkt oder als irrelevant für seine Situation einfach zur Seite legt.

Weiterhin möchten wir betonen, dass wir uns über jedwede Reaktion sehr freuen.

Engelbert Götz
Wilfried Grenz

Printed by Books on Demand GmbH, Norderstedt / Germany